봉별기

이상

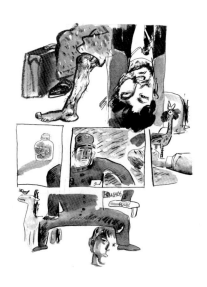

SR&B(새로본닷컴)

신윤복의 〈미인도〉

〈베스트 논술 한국대표문학(전60권)〉을 펴내며

어린 시절의 독서는 평생의 이성과 열정을 보장해 줄 에너지의 탱크를 채우는 일입니다. 인생의 지표를 세울 수 있는 가장 믿을 만한 방법이기도 합니다.

새로 접하는 사물의 이치를 터득하려면 그 정보를 대뇌 속에 담는 프로그램이 마련되어 있어야 합니다. 그 프로그램을 구축하는 가장 효과적인 방법이 지속적인 독서입니다. 독서는 책과 나의 쌍방향적인 대화이며 만남이며 스킨십입니다.

그러나 단순한 독서만으로는 생각하는 힘과 정확히 표현하는 힘을 키울 수 없습니다. 〈베스트 논술 한국대표문학〉은 이에 유의하여 다음과 같이 편찬하였습니다.

① 초 · 중 · 고 교과서에 실린 고전 및 현대 문학 작품부터 〈삼국유사〉, 〈난중일기〉, 〈목민심서〉 등 우리의 정신을 일깨워 주고 우리에게 지혜와 용기를 준 '위대한 한국 고전'에 이르기까지 한 권 한 권을 가려 뽑았습니다.

② 각 권의 내용과 특성을 분석하여, '작가와 작품 스터디', '논술 가이드' 등을 덧붙여 생각하는 힘, 표현하는 힘을 키울 수 있도록 각 분야의 권위 학자, 논술 전문가들이 심혈을 기울였습니다.

③ 특히 현대 문학 부문은 최근 학계에서, 이 때까지의 오류를 바로잡아 정확한 텍스트를 확정한 것을 반영하였고, 고전 부문은 쉽고 아름다운 현대 국어로 재현하였습니다.

④ 각 작품에 관련된 작가의 고향을 비롯한 작품의 배경, 작품의 참고 자료 등을 일일이 답사 촬영하거나 수집 · 정리하여 화보로 꾸몄고, 각 작품의 갈피 갈피마다 아름다운 그림을 넣어, 작품에 좀더 친근감 있게 접근할 수 있도록 하였습니다.

이 〈베스트 논술 한국대표문학〉이 여러분이 '큰 사람', '슬기로운 사람'이 되는 데 충실한 밑거름이 되기를 바랍니다.

〈베스트 논술 한국대표문학〉 편찬위원회

이상

경영하던 출판사에서의 이상(앞줄 왼쪽)

친구와 함께한 이상
(오른쪽)

경성 고등 공업 학교 건축과 재학
시절 화실에서의 이상

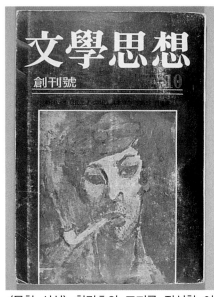

〈문학 사상〉 창간호의 표지를 장식한 이
상의 〈자화상〉

친구의 결혼 기념에 참석한 이상(뒷줄 가운데)

이상이 그린 자신의 캐리커처와 일본어로 쓴 시

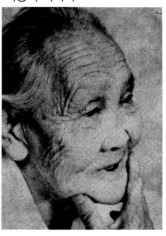

이상의 어머니

총독부 건축 기사로 근무하던 때의 이상(오른쪽)

보성 고등 학교 안에
있는 이상 시비

보성 고등 학교 안에 있는 이상 문학비

차례

봉별기 외

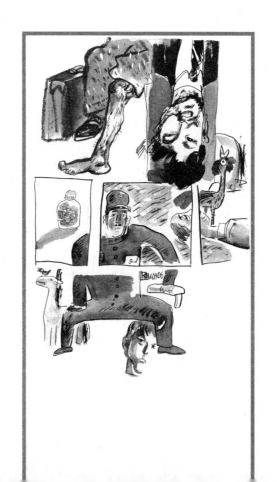

봉별기

1

스물세 살이오 —— 3월이오 —— 각혈이다. 여섯 달 잘 기른 수염을 하루 면도칼로 다듬어 코 밑에 다만 나비만큼 남겨 가지고 약 한 제 지어 들고 B라는 신개지 한적한 온천으로 갔다. 게서 나는 죽어도 좋았다. 그러나 이내 아직 기를 펴지 못한 청춘이 약탕관을 붙들고 늘어져서는 날 살리라고 보채는 것은 어찌하는 수가 없다. 여관 한등 아래 밤이면 나는 억울해했다. 사흘을 못 참고 기어이 나는 여관 주인 영감을 앞장 세워 장구소리 나는 집으로 찾아갔다. 게서 만난 것이 금홍이다.

"몇 살인구?"

체대가 비록 풋고추만 하나 깡그라진 계집이 제법 맛이 맵다. 열다섯 살? 많아야 열아홉 살이지 하고 있자니까,

"스물한 살이에요."

"그럼 내 나인 몇 살이나 돼 뵈지?"

"글쎄 마흔? 서른 아홉?"

나는 그저 흥! 그래 버렸다. 그리고 팔짱을 떡 끼고 앉아서는 더욱더

욱 점잖은 체했다. 그냥 그 날은 무사히 헤어졌건만——

이튿날 화우 K군이 왔다. 이 사람인즉 나와 농하는 친구다. 나는 어쩌는 수 없이 그 나비 같다면서 달고 다니던 코 밑 수염을 아주 밀어 버렸다. 그리고 날이 저물기가 급하게 또 금홍이를 만나러 갔다.

"어디서 뵌 어른 겉은데."

"엊저녁에 왔던 수염난 양반, 내가 바루 아들이지. 목소리꺼지 닮았지?"

하고 익살을 부렸다. 주석이 어느덧 파하고 마당에 내려서다가 K군의 귀에 대고 나는 이렇게 속삭였다.

"어때? 괜찮지? 자네 한번 얼러보게."

"관두게, 자네나 얼러보게."

"어쨌든 여관으로 끌구 가서 짱껭뽕을 해서 정허기루 허세나."

"거 좋지."

그랬는데 B군은 측간에 가는 체하고 피해 버렸기 때문에 나는 부전승으로 금홍이를 이겼다. 그 날 밤에 금홍이는 금홍이가 경산부라는 것을 감추지 않았다.

"언제?"

"열여섯 살에 머리 얹어서 열일곱 살에 낳았지."

"아들?"

"딸."

"어딨나?"

"돌 만에 죽었어."

지어 가지고 온 약은 집어치우고 나는 전혀 금홍이를 사랑하는 데만 골몰했다. 못난 소린 듯하나 사랑의 힘으로 각혈이 다 멈췄으니까——나는 금홍이에게 놀음채를 주지 않았다. 왜? 날마다 밤마다 금홍이가 내 방에 있거나 했기 때문에——. 그 대신—— 우라는 불란서 유학생의 유야랑을 나는 금홍이에게 권하였다. 금홍이는 내 말대로 우씨와 더불어 '독탕'에 들어갔다. 이 독탕이라는 것은 좀 음란한 설비였다. 나는 이 음란한 설비 문간에 나란히 벗어 놓은 우씨와 금홍이 신발을 보고 언짢아하지 않았다. 나는 또 내 곁방에 와 묵고 있는 C라는 변호사에게도 금홍이를 권하였다. C는 내 열성에 감동되어 하는 수 없이 금홍이 방을 범했다.

그러나 사랑하는 금홍이는 늘 내 곁에 있었다. 그리고 우, C 등등에게서 받은 십 원 지폐를 여러 장 꺼내 놓고 어리광 섞어 내게 자랑도 하는 것이었다. 그러자 나는 백부님 소상* 때문에 귀경하지 않으면 안 되게 되었다. 복숭아꽃이 만발하고 정자 곁으로 석간수가 졸졸 흐르는 좋은 터전을 한 군데 찾아가서 우리는 석별의 하루를 즐겼다. 정거장에서 나는 금홍이에게 십 원 지폐 한 장을 쥐어 주었다. 금홍이는 이것으로 전당잡힌 시계를 찾겠다고 그러면서 울었다.

2

금홍이가 내 아내가 되었으니까 우리 내외는 참 사랑했다. 서로 지나간 일은 묻지 않기로 하였다. 과거래야 내 과거가 무엇 있을 까닭이 없고 말하자면 내가 금홍이 과거를 묻지 않기로 한 약속이나 다름없다.

금홍이는 겨우 스물한 살인데 서른한 살 먹은 사람보다도 나았다. 서른한 살 먹은 사람보다도 나은 금홍이가 내 눈에는 열일곱 살 먹은 소녀로만 보이고, 금홍이 눈에 마흔 살 먹은 사람으로 보인 나는 기실 스물세 살이요, 게다가 주책이 좀 없어서 똑 여남은 살 먹은 아이 같다. 우리 내외는 이렇게 세상에도 없이 현란하고 아기자기하였다.

부질없는 세월이 —— 일 년이 지나고 8월, 여름으로는 늦고 가을로

---

* 소상(小祥) 전통 상례 절차의 하나로 죽은 지 한 돌 만에 지내는 제사.

는 이른 그 북새통에 —— 금홍이에게는 예전 생활에 대한 향수가 왔다. 나는 밤이나 낮이나 누워 잠만 자니까 금홍이에게 대하여 심심하다. 그래서 금홍이는 밖에 나가 심심치 않은 사람들을 만나 심심치 않게 놀고 돌아오는 —— 즉, 금홍이의 협착한 생활이 금홍이의 향수를 향하여 발전하고 비약하기 시작하였다는 데 지나지 않는 이야기다. 그런데 이번에는 내게 자랑을 하지 않는다. 않을 뿐만 아니라 숨기는 것이다. 이것은 금홍이로서 금홍이답지 않은 일일밖에 없다. 숨길 것이 있나? 숨기지 않아도 좋지. 자랑을 해도 좋지. 나는 아무 말도 하지 않는다. 나는 금홍이 오락의 편의를 돕기 위하여 가끔 P군 집에 가 잤다. P군은 나를 불쌍하다고 그랬던가시피 지금 기억된다. 나는 또 이런 것을 생각하지 않았던 것도 아니다. 즉 남의 아내라는 것은 정조를 지켜야 하느니라고!

금홍이는 나를 나태한 생활에서 깨우치게 하기 위하여 우정 간음하였다고 나는 호의로 해석하고 싶다. 그러나 세상에 흔히 있는 아내다운 예의를 지키는 체해 본 것은 금홍이로서 말하자면 천려의 일실*이 아닐 수 없다. 이런 실없는 정조를 간판 삼자니까 자연 나는 외출이 잦았고 금홍이 사업에 편의를 돕기 위하여 내 방까지도 개방하여 주었다. 그러는 중에도 세월은 흐르는 법이다.

하루 나는 제목 없이 금홍이에게 몹시 얻어맞았다. 나는 아파서 울고 나가서 사흘을 들어오지 못했다. 너무도 금홍이가 무서웠다. 나흘 만에 와 보니까 금홍이는 때묻은 버선을 웃목에다 벗어 놓고 나가 버린 뒤였다. 이렇게도 못나게 홀아비가 된 내게 몇 사람의 친구가 금홍이에 관한 불미한 가십*을 가지고 와서 나를 위로하는 것이었으나 종시 나는 그런 취미를 이해할 도리가 없었다. 버스를 타고 금홍이와 남자는 멀리 과천 관악산으로 가는 것을 보았다는데 정말 그렇다면 그 사람은 내가

* 천려의 일실 지혜로운 사람도 많은 생각 가운데는 간혹 잘못이 있을 수도 있다는 말.
* 가십(gossip) 한담이나 잡담.

쫓아가서 야단이나 칠까 봐 무서워서 그런 모양이니까 퍽 겁쟁이다.

3

　인간이라는 것은 임시 거부하기로 한 내 생활이 기억력이라는 민첩한 작용을 하지 않았기 때문에 두 달 후에는 나는 금홍이라는 성명 세 자까지도 말쑥하게 잊어버리고 말았다. 그런 두절된 세월 가운데 하루 길일을 복하여 금홍이가 왕복엽서처럼 돌아왔다. 나는 그만 깜짝 놀랐다. 금홍이의 모양은 뜻밖에도 초췌하여 보이는 것이 참 슬펐다. 나는 꾸짖지 않고 맥주와 붕어과자와 장국밥을 사 먹여 가면서 금홍이를 위로해 주었다. 그러나 금홍이는 좀처럼 화를 풀지 않고 울면서 나를 원망하는 것이었다. 할 수 없어서 나도 그만 울어 버렸다.

　"그렇지만 너무 늦었다. 그만해두 두 달 지간이나 되지 않니? 헤어지자, 응?"

　"그럼 난 어떻게 되우, 응?"

　"마땅한 데 있거든 가거라, 응."

　"당신두 그럼 장가가나, 응?"

　헤어지는 한에도 위로해 보낼지어다. 나는 이런 양식 아래 금홍이와 이별했더니라. 갈 때 금홍이는 선물로 내게 베개를 주고 갔다. 그런데 이 베개 말이다. 이 베개는 2인용이다. 싫대도 자꾸 떠맡기고 간 이 베개를 나는 두 주일 동안 혼자 베어 보았다. 너무 길어서 안됐다. 안됐을 뿐 아니라 내 머리에서는 나지 않은 묘한 머릿기름 땟내 때문에 안면이 적이 방해된다. 나는 하루 금홍이에게 엽서를 띄웠다. '중병에 걸려 누웠으니 얼른 오라.'고. 금홍이는 와서 보니까 참 딱했다. 이대로 두었다가는 역시 며칠이 못 가서 굶어죽을 것 같이만 보였던가 보다. 두 팔을 부르걷고 그 날부터 나가서 벌어다가 나를 먹여 살린다는 것이다.

"오케이."

인간 천국, 그러나 날이 좀 추웠다. 그러나 나는 대단히 안일하였기 때문에 재채기도 하지 않았다. 이러기를 두 달? 아니 다섯 달이나 되나 보다. 금홍이는 홀연히 외출했다. 달포를 두고 금홍이 '홈 식*'을 기대하다가 진력이 나서 나는 기명집물*을 두들겨 팔아 버리고 21년 만에 '집'으로 돌아갔다. 와 보니 우리 집은 노쇠했다. 이어 불초 이상은 이 노쇠한 가정을 아주 쑥밭을 만들어 버렸다. 그 동안 이태 가량 ——

어언간 나도 노쇠해 버렸다. 나는 스물일곱 살이나 먹어 버렸다. 천하의 여성은 다소간 매춘부의 요소를 품었느니라고 나 혼자는 굳이 신념한다. 그 대신 내가 매춘부에게 은화를 지불하면서도 한 번도 그네들을 매춘부라고 생각한 일이 없다. 이것은 내 금홍이와의 생활에서 얻은 체험만으로는 성립되지 않는 이론같이 생각되나 기실 내 진담이다.

4

나는 몇 편의 소설과 몇 줄의 시를 써서 내 쇠망해 가는 심신 위에 치욕을 배가하였다. 이 이상 내가 이 땅에서의 생존을 계속하기가 자못 어려울 지경에까지 이르렀다. 나는 하여간 허울좋게 말하자면 망명해야겠다. 어디로 갈까. 나는 만나는 사람마다 동경으로 가겠다고 호언했다. 그뿐 아니라 어느 친구에게는 전기 기술에 관한 전문 공부를 하러 간다는 둥, 학교 선생을 만나서는 고급 단식 인쇄술을 연구하겠다는 둥, 친한 친구에게는 내 5개 국어에 능통할 작정일세 어쩌구 심하면 법률을 배우겠소까지 허담을 탕탕 하는 것이다. 웬만한 친구는 보통들 속나 보다. 그러나 이 헛선전을 안 믿는 사람도 더러는 있다. 여하간 이것은 영

* 홈 식(home sick) 향수병.
* 기명집물(器皿什物) 살림살이에 쓰는 온갖 그릇과 기구.

영 빈빈털터리가 되어 버린 이상의 마지막 공포에 지나지 않는 것만은
사실이겠다. 어느 날 나는 이렇게 여전히 공포를 놓으면서 친구들과 술
을 먹고 있자니까 어깨를 툭 치는 사람이 있다. '긴상*' 이라는 이다.

　"긴상(이상도 사실은 긴상이다.) 참 오래간만이슈. 근데 긴상, 꼭 긴상
한 번 만나뵙자는 사람이 하나 있는데 긴상 어떡허려우?"

　"거 누군구. 남자야? 여자야?"

　"여자니까 일이 재미있지 않느냐 그런 말야."

"여자라?"

"긴상 옛날 옥상*."

금홍이가 서울에 나타났다는 이야기다. 나타났으면 나타났지 나를 왜 찾누? 나는 긴상에게서 금홍이의 숙소를 알아 가지고 어쩔 것인가 망설였다. 숙소는 동생 일심이 집이다.

드디어 나는 만나보기로 결심하고 일심이 집을 찾아가서,

"언니가 왔다지?"

"어유! 아제두, 돌아가신 줄 알았구려! 그래 자그만치 인제 온단 말씀유, 어서 들오슈."

금홍이는 역시 초췌하다. 생활 전선에서의 피로의 빛이 그 얼굴에 여실하였다.

"네눔 하나 보구져서 서울 왔지 내 서울 뭘허러 왔다디?"

"그리게 또 난 이렇게 널 찾어오지 않았니?"

"너 장가갔다더구나."

"애, 디끼 싫다, 그 육모초 겉은 소리."

"안 갔단 말이냐, 그럼?"

"그럼."

당장에 목침이 내 면상을 향하여 날아 들어왔다. 나는 예나 다름이 없이 못나게 웃어 주었다. 술상을 보아 왔다. 나도 한 잔 먹고 금홍이도 한 잔 먹었다. 나는 영변가를 한 마디 하고 금홍이는 육자배기를 한 마디 했다. 밤은 이미 깊었고 우리 이야기는 이게 이 생에서의 영이별이라는 결론으로 밀려 갔다. 금홍이는 은수저로 소반전을 딱딱 치면서 내가 한 번도 들은 일이 없는 구슬픈 창가를 한다.

"속아도 꿈결, 속여도 꿈결, 굽이굽이 뜨내기 세상 그늘진 심정에 불질러 버려라 운운."

＊ 긴상 김씨를 가리키는 일본말.
＊ 옥상 남의 아내를 높여 부르는 일본말.

종생기

　극유산호편 —— 요 다섯 자 동안에 나는 두 자 이상의 오자를 범했는가 싶다. 이것은 나 스스로 하늘을 우러러 부끄러워할 일이겠으나 인지가 발달해 가는 면목이 실로 약여하다.

　죽는 한이 있더라도 이 산호 채찍은 꽉 쥐고 죽으리라 네 폐포파립* 위에 퇴색한 망해 위에 봉황이 와 앉으리라.

　나는 내 '종생기' 가 천하 눈 있는 선비들의 간담을 서늘하게 해 놓기를 애틋이 바라는 일념 아래 이만큼 인색한 내 맵시의 절약법을 피력하여 보인다.

　일발 포성에 부득이 영웅이 되고 만 희대의 군인 모는 아흔에 귀를 단 황송한 일생을 끝막던 날 이렇다는 유언 한 마디를 지껄이지 않고 그 임종의 장면을 곧잘(무사히 후 —— 한숨이 나올 만큼) 넘겼다.

　그런데 우리들의 레우오치카 —— 애칭 톨스토이 —— 는 괴나리봇

---

* **폐포파립** 해진 옷과 부서진 갓. 구차한 차림새.

짐을 짊어지고 나선 데까지는 기껏 그럴 성싶게 꾸며 가지고 마지막 5분에 가서 그만 잡았다. 자지레한 유언 나부랭이로 말미암아 70년 공든탑을 무너뜨렸고 허울좋은 일생에 가실 수 없는 흠집을 하나 내어놓고 말았다.

나는 일개 교활한 옵서버의 자격으로 그런 우매한 성인들의 생애를 방청하였으니 내 그런 따위의 실수를 알고도 재범할 리가 없는 것이다.

거울을 향하여 면도질을 한다. 잘못해서 나는 생채기를 내인다. 나는 골을 벌컥 내인다.

그러나 와글와글 들끓는 여러 '나'와 나는 정면으로 충돌하기 때문에 그들은 제각기 베스트를 다하여 제 자신만을 변호하는 때문에 나는 좀처럼 범인을 찾아 내기는 어렵다는 것이다.

그러기에 대저 어리석은 민중들은 '원숭이가 사람 흉내를 내네.' 하고 마음을 놓고 지내는 모양이지만 사실 사람이 원숭이 흉내를 내고 지내는 바 짜장 지당한 전고*를 이해하지 못하는 탓이리라.

오호라 일거수 일투족이 이미 아담 이브의 그런 충동적 습관에서는 탈각한 지 오래다. 반사 운동과 반사운동 틈바구니에 끼여서 잠시 실로 전광석화만큼 손가락이 자의식의 포로가 되었을 때 나는 모처럼 내 허무한 세월 가운데 한각*되어 있는 기암 내 콧잔등이를 좀 만지작만지작 했다거나, 고귀한 대화와 대화 늘어선 쇠사슬 사이에도 정히 간발을 허용하는 들창이 있나니 그 서슬 퍼런 날이 자의식을 걷잡을 사이도 없이 양단하는 순간 나는 내 명경같이 맑아야 할 지보 두 눈에 혹시 눈곱이 끼지나 않았나 하는 듯이 적절하게 주름살 잡힌 손수건을 꺼내어서는 그 두 눈을 만지작만지작했다거나 ——

내 혼백과 4대의 점잖은 태만성이 그런 사소한 연화들을 일일이 따라다니면서 (보고 와서) 내 통괄되는 처소에다 일러바쳐야만 하는 그런

---

* 전고(典故) 전례와 고사. 전거가 되는 옛일.
* 한각(閑却) 무심히 내버려 둠.

압도적 망살을 나는 이루 감당해 내는 수가 없다.

그러나 나는 내 지중한 산호편을 자랑하고 싶다.

'쓰레기' '우거지'

이 구지레한 단자의 분위기를 족하*는 족히 이해하십니까.

족하는 족하가 기독교식으로 결혼하던 날 네이브 앤드 아일에서 이 '쓰레기' '우거지'에 근이한 감흥을 맛보았으리라고 생각이 되는데 과연 그렇지는 않으십니까.

나는 그런 '쓰레기'나 '우거지' 같은 테이프를 —— 내 종생기 처처에다 가련히 심어 놓은 자지레한 치레를 위하여 —— 뿌려 보려는 것인데 ——

다행히 박수하다. 이상

'치사한 소녀는', '해동기의 동 시냇가에 서서', '입술이 낙화지듯 좀 파래지면서', '박빙 밑으로는 무엇이 저리도 움직이는가고', '고개를 갸웃거리는 듯이 숙이고 있는데', '봄 운기를 품은 훈풍이 불어 와서' '스커트', 아니 아니, '너무나'. 아니, 아니, '좀' '슬퍼 보이는 홍발을 건드리면' 그만. 더 아니다. 나는 한 마디 가련한 어휘를 첨가할 성의를 보이자.

"나붓 나붓."

이만하면 완비된 장치에 틀림없으리라. 나는 내 종생기의 서장을 꾸밀 그 소문 높은 산호편을 더 여실히 하기 위하여 위와 같은 실로 나로서는 너무나 과람*히 사치스럽고 어마어마한 세간살이를 장만한 것이다.

그런데 ——

혹 지나치지나 않았나. 천하에 형안이 없지 않으니까 너무 금칠을 아

---

* 족하(足下) 비슷한 연배 사이에서 상대편을 높이어 일컫는 말.
* 과람 분수에 넘침.

니했다가는 섣불리 들킬 염려가 있다. 하나 ——

그냥 어디 이대로 써 보기로 하자.

나는 지금 가을바람이 자못 소혜한 내 구중중한 방에 홀로 누워 종생하고 있다.

어머니 아버지의 충고에 의하면 나는 추호의 틀림도 없는 만 25세와 11개월의 '홍안 미소년'이라는 것이다. 그렇건만 나는 확실히 노옹이다. 그 날 하루하루가 '인생은 짧고 예술은 길다랗다.' 하는 엄청난 평생이다.

나는 날마다 운명하였다. 나는 자던 잠 —— 이 잠이야말로 언제 시작한 잠이더냐 —— 을 깨면 내 통절한 생애가 개시되는데 청춘이 여지없이 탕진되는 것은 이불을 푹 뒤집어쓰고 누웠지만 역력히 목도한다.

나는 노래*에 빈곤한 식사를 한다. 12시간 이내에 종생을 맞이하고 그리고 할 수 없이 이리 궁리 저리 궁리 유언다운 유언이 어디 유실되어 있지 않나 하고 찾고, 찾아서는 그 중 의젓스러운 놈으로 몇 추린다.

그러나 고독한 만년 가운데 한 구의 에피그램*을 얻지 못하고 그대로 처참히 나는 물고하고 만다.

일생의 하루 ——

하루의 일생은 대체(위선) 이렇게 해서 끝나고 끝나고 하는 것이었다.

자 —— 보아라.

이런 내 분장은 좀 과하게 치사스럽다는 느낌은 없을까, 없지 않다.

그러나 위풍당당 일세를 풍비할 만한 참신무비한 햄릿을 하나 출세시키기 위하여는 이만한 출자는 아끼지 말아야 하지 않을까 하는 느낌도 없지 않다.

나는 가을. 소녀는 해동기.

---

* 노래(老來) 늘그막. 만대.
* 에피그램(epigram) 기지나 풍자에 넘친 짧은 글이나 시.

언제나 이 두 사람이 만나서 즐거운 소꿉장난을 한 번 해 보리까.

나는 그 해 봄에도 ——

부질없는 세상이 스스러워서 상설 같은 위엄을 갖춘 몸으로 한심한 불우의 일월을 맞고 보내지 않으면 안 되었다.

미문, 미문, 아하! 미문.

미문이라는 것은 적이 조처하기 위험한 수작이니라.

나는 내 감상의 꿀방구리 속에 청산 가던 나비처럼 마취 혼사하기 자칫 쉬운 것이다. 조심조심 나는 내 맵시를 고쳐야 할 것을 안다.

나는 그 날 아침에 무슨 생각에서 그랬던지 이를 닦으면서 내 작성중에 있는 유서 때문에 끙끙 앓았다.

열세 벌의 유서가 거의 완성돼 가는 것이었다. 그러나 그 어느 것을 집어 내 보아도 다같이 서른여섯 살에 자살한 어느 '천재'가 머리맡에 놓고 간 개세의 일품의 아류에서 일보를 나서지 못했다. 내게 요만 재주밖에는 없느냐는 것이 다시 없이 분하고 억울한 사정이었고 또 초조의 근원이었다. 미간을 찌푸리되 가장 고매한 얼굴을 지속해야 할 것을 잊어버리지 않고 그리고 계속하여 끙끙 앓고 있노라니까(나는 일시 일각을 허송하지는 않는다. 나는 없는 지혜를 끊이지 않고 쥐어 짠다) 속달 편지가 왔다. 소녀에게서다.

선생님! 어제 저녁 꿈에도 저는 선생님을 만나뵈었습니다. 꿈 가운데 선생님은 참 다정하십니다. 저를 어린애처럼 귀여워해 주십니다.

그러나 백일 아래 표표하신* 선생님은 저를 부르시지 않습니다.

비굴이라는 것이 무슨 빛으로 되어 있나 보시려거든 선생님은 거울을 한번 보아 보십시오. 거기 비치는 선생님의 얼굴빛이 바로 비굴이라

---

* 표표하다 날아오르거나 나부낌이 가볍다.

는 것의 빛입니다.

　헤어진 부인과 3년을 동거하시는 동안에 너 가거라 소리를 한 마디도 하신 일이 없다는 것이 선생님의 유일의 자만이십니다그려! 그렇게까지 선생님은 인정에 구구하신가요.

　R과도 깨끗이 헤어졌습니다. S와는 절연한 지 벌써 다섯 달이나 된다는 것은 선생님께서도 믿어 주시는 바지요? 다섯 달 동안 저에게는 아무것도 없습니다. 저의 청절을 인정해 주시기 바랍니다.

저의 최후까지 더럽히지 않은 것을 선생님께 드리겠습니다. 저의 희멀건 살의 매력이 이렇게 다섯 달 동안이나 놀고 있는 것은 참 무엇이라고 말할 수 없이 아깝습니다. 저의 잔털 나스르르한 목 연한 온도가 선생님을 기다리고 있습니다. 선생님이여! 저를 부르십시오. 저더러 영영 오라는 말을 안 하시는 것은 그것 역시 가신적 경우와 똑같은 이론에서 나온 구구한 인생 변호의 치사스러운 수법이신가요? 영원히 선생님 '한 분'만을 사랑하지요. 어서어서 저를 전적으로 선생님만의 것을 만들어 주십시오. 선생님의 '전용'이 되게 하십시오.

제가 아주 어수룩한 줄 오산하고 계신 모양인데 오산치고는 좀 어림없는 큰 오산이리라.

네 딴은 제법 든든한 줄만 믿고 있는 네 그 안전 지대라는 것을 너는 아마 하나 가진 모양인데 그까짓 것쯤 내 말 한 마디에 사태가 나고 말리라 이렇게 일러 드리고 싶습니다. 또 ——

에끼! 구역질 나는 인생 같으니 이러고도 싶습니다.

3월 3일날 오후 두 시에 동소문 버스 정류장 앞으로 꼭 와야 되지 그렇지 않으면 큰일 나요. 내 징벌을 안 받지 못하리다.

만 19세 2개월을 맞이하는

정희 올림

이상 선생님께

물론 이것은 죄다 거짓부렁이다. 그러나 그 일촉즉발의 아슬아슬한 용심법이 특히 그 중에도 결미의 비견할 데 없는 청초함이 장히 질풍신뢰를 품은 듯한 명문이다.

나는 까무러칠 뻔하면서 혀를 내둘렀다. 나는 깜빡 속기로 한다. 속고 만다.

여기 이 이상 선생님이라는 허수아비 같은 나는 지난 밤 사이에 내

평생을 경력했다. 나는 드디어 쭈글쭈글하게 노쇠해 버렸던 차에 아침(이 온 것)을 보고 이키! 남들이 보는 데서는 나는 가급적 어쭙지 않게(잠을) 자야 되는 것이어늘, 하고 늘 이를 닦고 그리고는 도로 얼른 자 버릇하는 것이었다. 오늘도 또 그럴 셈이었다.

사람들은 나를 보고 짐짓 기이하기도 해서 그러는지 경천동지의 육중한 경륜을 품은 사람인가 보다고들 속는다. 그러니까 고렇게 하는 것이 내 시시한 자세나마 유지시킬 수 있는 유일무이의 비결이었다. 즉 나는 남들 좀 보라고 낮에 잔다.

그러나 그 편지를 받고 흔희작약, 나는 개세의 경륜과 유서의 고민을 깨끗이 씻어 버리기 위하여 바로 이발소로 갔다. 나는 여간 아니 호걸답게 입술에다 치분을 허옇게 묻혀 가지고는 그 현란한 거울 앞에 가 앉아 이제 호화장려하게 개막하려 드는 내 종생을 유유히 즐기기로 거기 해당하게 내 맵시를 수습하는 것이었다.

우선 그 작소라는 뇌명*까지 있는 봉발을 썰어서 상고머리라는 것을 만들었다. 5각수는 깨끗이 도태해 버렸다. 귀를 우비고 코털을 다듬었다. 안마도 했다. 그리고 비누 세수를 한 다음 문득 거울을 들여다보니 품 있는 데라고는 한 귀퉁이도 없어 보이는 듯하면서 또한 태생을 어찌 어기리요. 좋도록 말해서 라파엘 전파 일원같이 그렇게 청초한 백면서생이라고도 보아 줄 수 있지 하고 실없이 제 얼굴을 미남자거니 고집하고 싶어하는 구지레한 욕심을 내심 탄식하였다.

아차! 나에게도 모자가 있다. 겨우내 꾸겨박질러 두었던 것을 부득부득 끄집어 내어다 15분간 세탁소로 가지고 가서 멀쩡하게 만들었다. 그리고 흰 바지저고리에 고동색 대님을 다 치고 차림차림이 제법 이색이었다. 공단은 못 되나마 능직 두루마기에 이만하면 고왕금래 모모한 천

---

* 뇌명(雷名) 세상에 널리 알려진 높은 명성.

재의 풍모에 비겨도 조금도 손색이 없으리라. 나는 내 그런 여간 이만 저만하지 않은 풍모를 더욱더욱 이만저만하지 않게 머더파이어하기 위하여 가늘지도 굵지도 않은 그다지 알맞은 단장을 하나 내 손에 쥐어 주어야 할 것도 때마침 잊어버리지는 않았다.

별수없이 ——

오늘이 즉 3월 3일인 것이다.

나는 점잖게 한 30분쯤 지각해서 동소문 지정받은 자리에 도착하였다. 정희는 또 정희대로 아주 정희다웁게 한 30분쯤 일찍 와서 있다.

정희의 입상은 제정 러시아적 우편딱지처럼 적잖이 슬프다. 이것은 아직도 얼음을 품은 바람이 해토머리*답게 싸늘해서 말하자면 정희의 모양을 얼마간 침통하게 해 보인 탓이렷다.

나는 이런 경우에 천만 뜻밖에도 눈물이 핑 눈에 그득 돌아야 하는 것이 꼭 맞는 원칙으로서의 의표가 아닐까 그렇게 생각하면서 저벅저 벅 정희 앞으로 다가갔다.

우리들은 이 땅을 처음 찾아온 제비 한 쌍처럼 잘 앙증스럽게 만보하 기 시작했다. 걸어가면서도 나는 내 두루마기에 잡히는 주름살 하나에 도, 단장을 한 번 휘젓는 곡절에도 세세히 조심한다. 나는 말하자면 내 우연한 종생을 감쪽스럽도록 찬란하게 허식하기 위하여 내 박빙을 밟 는 듯한 포즈를 아차 실수로 무너뜨리거나 해서는 절대로 안 된다는 것 을 굳게굳게 명심하고 있는 까닭이다.

그러면 맨 처음 발언으로는 나는 어떤 기절참절한 경구를 내어 놓아 야 할 것인가, 이것 때문에 또 잠깐 머뭇머뭇하지 않을 수도 없었지만 그렇다고 바로 대고 거 어쩌면 그렇게 똑 제정 러시아적 우표딱지같이 초초하니 어쩌니 하는 수는 차마 없다.

---

* 해토머리 언 땅이 녹기 시작하는 때.

나는 선뜻,

"설마가 사람을 죽이느니."

하는 소리를 저 뱃속에서부터 우러나오는 듯한 그런 가라앉은 목소리에 꽤 명료한 발음을 얹어서 정희 귀 가까이다 대고 지껄여 버렸다. 이만하면 아마 그 경우의 최초의 발성으로는 무던히 성공한 편이리라. 뜻인즉, 네가 오라고 그랬다고 그렇게 내가 불쑥 올 줄은 너 꿈에도 생각하지 못했으리라는 꼼꼼한 의도다.

나는 아침 반찬으로 콩나물을 3전어치는 안 팔겠다는 것을 교묘히 무사히 3전어치만 살 수 있는 것과 같은 미끈한 쾌감을 맛본다. 내 딴은 다행히 노랑돈 한 푼도 참 용하게 낭비하지는 않은 듯싶었다.

그러나 그런 내 청천에 벽력이 떨어진 것 같은 인사에 대하여 정희는 실로 대답이 없다. 이것은 참 큰일이다. 아이들이 '고추 먹고 맴맴 담배 먹고 맴맴' 하고 노는 그런 암팡진 수단으로 그냥 단번에 나를 어지러뜨려서는 넘어뜨려 버릴 작정인 모양이다.

정말 그렇다면!

이 상쾌한 정희의 확호 부동자세야말로 엔간치 않은 출품이 아닐 수 없다. 내가 내어 놓은 바 살인촌철*은 그만 즉석에서 분쇄되어 가엾은 부작으로 내려 떨어지고 마는 것이다, 하고 나는 느꼈다.

나는 나로서 할 수 있는 가장 큰 규모의 손짓 발짓을 한 번 해 보이고 이윽고 낙담하였다는 것을 표시하였다. 일이 여기 이른 바에는 내 포즈 여부가 문제 아니다. 표정도 인제 더 써먹을 것이 남아 있을 성싶지도 않고 해서 나는 겸연쩍게 안색을 좀 고쳐 가지고 그리고 정희! 그럼 나는 가겠소, 하고 깍듯이 인사하고 그리고?

나는 발길을 돌려서 집을 향해 걷기 시작했다. 내 파란만장의 생애가

---

* **살인촌철**(殺人寸鐵) '짧은 경구로 사람의 마음을 찔러 감동시킴'을 이르는 말.

자지레한 말 한 마디로 하여 그만 회신으로 돌아가고 만 것이다. 나는 세상에도 참혹한 풍채 아래서 내 종생을 치른 것이라고 생각하면서 그렇다면 그럼 그럴 성싶기도 하게 단장도 한두 번 휘두르고 입도 좀 일기죽일기죽해 보기도 하고 하면서 행차하는 체해 보인다.

5초 — 10초 — 20초 — 30초 — 1분 —

결코 뒤를 돌아다보거나 해서는 못 쓴다. 어디까지든지 사심 없이 패배한 체하고 걷는 체한다. 실심한 체한다.

나는 사실은 좀 어지럽다. 내 쇠약한 심장으로는 이런 자약한 체조를 그렇게 장시간 계속하기가 썩 어려운 것이다.

묘지명이라. 일세의 귀재 이상은 그 통생의 대작 '종생기' 한 편을 남기고 서력 기원후 1937년 정축 3월 3일 미시 여기 백일 아래서 그 파란만장(?)의 생애를 끝막고 문득 졸하다. 향년 만 25세와 11개월. 오호라! 상심 크다. 허탈이야 잔존하는 또 하나의 이상 구천을 우러러 호곡하고 이 한산 일편석을 세우노라. 애인 정희는 그대의 몰 후 수삼 인의 비첩된 바 있고 오히려 장수하니 지하의 이상아! 바라건댄 명목하라.

그리 칠칠치는 못하나마 이만큼 해 가지고 이꼴 저꼴 구지레한 흠집을 살짝 도회하기로 하자. 고만 실수는 여상의 묘기로 겸사겸사 메우고 다시 나는 내 반생의 진용 후일에 관해 차근차근 고려하기로 한다. 이상.

역대의 에피그램과 경국의 철칙이 다 내게 있어서는 내 위선을 암장하는 한 스무드한 구실에 지나지 않는다. 실로 나는 내 낙명의 자리에서도 임종의 합리화를 위하여 코로*처럼 도색의 팔레트를 볼 수도 없거니와 톨스토이처럼 탄식해 주고 싶은 쥐꼬리만한 금언의 추억도 가지지 않고 그냥 난데없이 다리를 삐어 넘어지듯이 스르르 죽어 가리라.

거룩하다는 칭호를 휴대하고 나를 찾아오는 '연애'라는 것을 응수하

---

* **코로**(J.B.C. Corot) 프랑스 풍경화가. 바르비종파의 한 사람으로, 인상파의 선구자라 함. (1796~1875)

는 데 있어서도 어디서 어떤 노소간의 의뭉스러운 선인들이 발라먹고 내어 버린 그런 유훈을 나는 헐값에 거둬들여다가는 제련 재탕 다시 써 먹는다는 줄로만 알았다가도 또 내게 혼나는 경우가 있으리라.

나는 찬밥 한 술 냉수 한 모금을 먹고도 넉넉히 일세를 위압할 만한 '고언'을 적적할 수 있는 그런 지혜의 실력을 가졌다.

그러나 자의식의 절정 위에 발돋움을 하고 올라선 단말마의 비결을 보통 야시 국수 버섯을 팔러 오신 시골 아주머네에게 서너 푼에 그냥 넘겨 주고 그만두는 그렇게까지 자신의 에티켓을 미화시키는 겸허의 방식도 또한 나는 무루히 터득하고 있는 것이다. 당목할지어다. 이상.

난마와 같이 갈피를 잡을 수 없는 얼마간 비극적인 자기 탐구.

이런 흑발 같은 남루한 주제는 문벌이 버젓한 나로서 채택할 신세가 아니거니와 나는 태서의 에티켓으로 차 한 잔을 마실 적의 포즈에 대하여도 세심하고 세심한 용의가 필요하다.

휘파람 한 번을 분다 치더라도 내 극비리에 정선 은닉된 절차를 온고하여야만 한다. 그런 다음이 아니고는 나는 희망 잃은 황혼에서도 휘파람 한 마디를 마음대로 불 수는 없는 것이다.

동물에 대한 고결한 지식?

사슴, 물오리, 이 밖의 어떤 종류의 동물도 내 애니멀 킹덤에서는 낙탈되어 있어야 한다. 나는 이 수렵용으로 귀여히 가여히 되어 먹어 있는 동물 외의 동물에 언제든지 무가내하*로 무지하다.

또 —— 그럼 풍경에 대한 오만한 처신법?

어떤 풍경을 묻지 않고 풍경의 근원, 중심, 초점이 말하자면 나 하나 '도련님'다운 소행에 있어야 할 것을 방약무인으로 강조한다. 나는 이 맹목적 신조를 두 눈을 그대로 딱 부르감고 믿어야 된다.

＊ 무가내하(無可奈何) 어찌할 수가 없이 됨.

자진한 '우매', '몰각' 이 참 어렵다.

보아라. 이 자득하는 우매의 절기를! 몰각의 절기를.

백구는 의백사하니 막부춘초벽하라.

이 태백. 이 전후만고의 으리으리한 '화족'. 나는 이 태백을 닮기도 해야 한다. 그러기 위하여 오언절구 한 줄에서도 한 자 가량의 태연자약한 실수를 범해야만 한다. 현란한 문벌이 풍기는 가히 범할 수 없는 기품과 세도가 넉넉히 고시 한 절쯤 서슴지 않고 생채기를 내어 놓아도 다들 어수룩한 체들 하고 속느니 하는 교만한 미신이다.

곱게 빨아서 곱게 다리미질을 해 놓은 한 벌 슈미즈의 깜빡 속는 청절처럼 그렇게 아담하게 나는 어떠한 차질에서도 거뜬하게 얄미운 미소와 함께 일어나야만 하는 것이니까 ──

오늘날 내 한 씨족이 분명치 못한 소녀에게 섣불리 딴죽을 걸려 넘어진다기로서니 이대로 내 숙망의 호화장려한 종생을 한 방울 하잘것 없는 오점을 내는 채 투시해서야 어찌 초지의 만일에 응답할 수 있는 면목이 족히 서겠는가, 하는 허울 좋은 구실이 영일 밤보다도 오히려 한 뼘 짧은 내 전정에 대두하기 시작하는 것이었다.

완만 착실한 서술! 나는 과히 눈에 띨 성싶지 않은 한 지점을 재재바르게 붙들어서 거기서 공중 담배를 한 갑 사 (주머니에 넣고) 피워 물고 정희의 뻔한 걸음을 다시 뒤따랐다.

나는 그저 일상의 다반사를 간과하듯이 범연하게 휘파람을 불고, 내 구두 뒤축이 아스팔트를 디디는 템포 음향, 이런 것들의 귀찮은 조절에도 깔끔히 정신차리면서 넉넉잡고 3분, 다시 돌친 걸음은 정희와 어깨를 나란히 걸을 수 있었다. 부질없는 세상에 제 심각하면 침통하면 또 어쩌겠느냐는 듯싶은 서운한 눈의 위치를 동소문 밖 신개지 풍경 어디라고 정치 않은 한 점에 두어 두었으니 보라는 듯한 부득부득 지근거리는 자세면서도 또 그렇지도 않을 성싶은 내 묘기 중에도 묘기를 더 한층 허겁지겁 연마하기에 골똘하는 것이었다.

일모 청산——

날은 저물었다. 아차! 아직 저물지 않은 것으로 하는 것이 좋을까 보다. 날은 아직 저물지 않았다.

그러면 아까 장만해 둔 세간 기구를 내세워 어디 차근차근 살림살이를 한 번 치러 볼 천우의 호기가 내 앞으로 다다랐나 보다. 자——

태생은 어길 수 없어 비천한 '티'를 감추지 못하는 딸——

(전기 사치한 소녀 운운은 어디까지든지 이 바보 이상의 호의에서 나온 곡해다. 모파상*의 〈비계 덩어리〉를 생각하자. 가족은 미만 14세의 딸에게 매음시켰다. 두 번째는 미만 19세의 딸이 자진했다. 아—— 세 번째는 그 나이 스물두 살이 되던 해 봄에 얹은 낭자를 내리우고 게다 다홍 댕기를 들여 늘어뜨려 편발 처자를 위조하여서는 대거하여 강행으로 매낌*하여 버렸다.)

비천한 뉘 집 딸이 해빙기의 시냇가에 서서 입술이 낙화지듯 좀 파래지면서 박빙 밑으로는 무엇이 저리도 움직이는가고 고개를 갸웃거리는 듯이 숙이고 있는데 봄 방향을 품은 훈풍이 불어 와서 스커트, 아니 너무나, 슬퍼 보이는, 아니, 좀 슬퍼 보이는 홍발을 건드리면—— 좀 슬퍼 보이는 홍발을 나붓나붓 건드리면——

여상이다. 이 개기름 도는 가소로운 무대를 앞에 두고 나는 나대로 나다웁게 가문이라는 자지레한 '투'는 어떤 일이 있더라도 잊어버리지 않고 채석장 희멀건 단층을 건너다보면서 탄식 비슷이,

"지구를 저며 내는 사람들은 역시 자연 파괴자리라."

는 등,

* **모파상**(Henry René Albert Guy de Maupassant) 프랑스의 소설가 (1850~1893). 자연주의 문학의 대표적 작가 중의 한 사람이다. 대표작에 〈여자의 일생〉 등이 있다.
* **매낌** 팔아먹음.

모파상

"개아미 집이야말로 과연 정연하구나."

라는 둥,

"비가 오면, 아 —— 천하에 비가 오면."

"작년에 났던 초목이 올해에도 또 돋으려누, 귀불귀란 무엇인가."

라는 둥 ——

치레 잘 하면 제법 의젓스러워도 보일 만한 가장 한산한 과제로만 골라서 점잖게 방심해 보여 놓는다.

정말일까? 거짓말일까. 정희가 불쑥 말을 한다. 한 소리가,

"봄이 이렇게 왔군요."

하고 윗니는 좀 사이가 벌어져서 보기 흉한 듯하니까 살짝 가리고 곱다고 자처하는 아랫니를 보이지 않으려고 했지만 부지불식간에 그렇게 내어다보인 것을 또 어쩝니까 하는 듯싶이 가증하게 내어 보이면서 또 여간해서 어림이 서지 않는 어중간한 얼굴을 그 위에 얹어 내세우는 것이었다.

좋아, 좋아, 그만하면 잘 되었어.

나는 고개 대신에 단장을 끄덕끄덕해 보이면서 창졸간에 그만 정희 어깨 위에다 손을 얹고 말았다.

그랬더니 정희는 적이 해괴해 하노라는 듯이 잠시는 묵묵하더니 ——

정희도 문벌이라든가 혹은 간단히 말해 에티켓이라든가 제법 배워서 짐작하노라고 속삭이는 것이 아닌가.

꿀꺽!

넘어가는 내 지지한 종생, 이렇게도 실수가 허해서야 물질적 전생애를 탕진해 가면서 사수하여 온 산호편의 본의가 대체 어디 있느냐? 내 내 울화가 북받쳐 혼도할 것 같다.

흥천사 으슥한 구석방에 내 종생의 갈력이 정희를 이끌어 들이기도 전에 나는 밤 쓸쓸히 거짓말깨나 해 놓았나 보다.

나는 내가 그윽히 음모한 바 천고불역*의 탕아, 이상의 자지레한 문학의 빈민굴을 교란시키고자 하던 가지가지 진기한 연장이 어느 겨를에 빼물르기 시작한 것을 여기서 깨달아야 되나 보다. 사회는 어떠쿵, 도덕이 어떠쿵, 내면적 성찰 추구 적발 징발은 어떠쿵, 자의식 과잉이 어떠쿵, 제깜냥에 번지레한 칠을 해 내어 걸은 치사스러운 간판들이 미상불 우스꽝스럽기가 그지없다.

'독화'

족하는 이 꼭둑각시 같은 어휘 한 마디를 잠시 맡아 가지고 계셔 보구려? 예술이라는 허망한 아궁이 근처에서 송장 근처에서보다도 한결 더 썰썰 기고 있는 그들 해반주룩한 사도의 혈족들 땟국내 나는 틈에가 끙기워서, 나는 ──

내 계집의 치마 단속곳을 갈갈이 찢어 놓았고, 버선 켤레를 걸레를 만들어 놓았고, 검던 머리에 곱던 양자, 영악한 곰의 발자국이 질컥 디디고 지나간 것처럼 얼굴을 망가뜨려 놓았고, 지기친척의 돈을 뭉청 떼어 먹었고, 좌수터 유래 깊은 상호를 쑥밭을 만들어 놓았고, 겁쟁이 취리자는 고랑떼를 먹여 놓았고, 대금업자의 수금인을 졸도시켰고, 사장과 취체역과 사돈과 아범과 애비와 처남과 처제와 또 애비와 애비의 딸과 딸이 허다 중생으로 하여금 서로서로 이간을 붙이고 붙이게 하고 얼버무려져 싸움질을 하게 해 놓았고 사글셋방 새 다다미에 잉크와 요강과 팥죽을 엎질렀고, 누구누구를 임포텐스를 만들어 놓았고 ──

'독화' 라는 말의 콕 찌르는 맛을 그만하면 어렴풋이나마 어떻게 짐작이 서는가 싶소이까.

잘못 빚은 증편 같은 시 몇 줄 소설 서너 편을 꿰어차고 조촐하게 등장하는 것을 아 무엇인 줄 알고 깜빡 속고 선불리 손뼉을 한두 번 쳤다

---

* 천고불역(千古不易) 아득히 먼 옛날.

는 죄로 제 계집 간음당한 것보다도 더 큰 망신을 일신에 짊어지고 그리고는 앙탈 비슷이 시치미를 떼지 않으면 안 되는 어디까지든지 치사스러운 예의절차 —— 마귀(터주가)의 소행(덧났다)이라고 돌려 버리자?

'독화'

물론 나는 내일 새벽에 내 길들은 노상에서 무려 내게 필적하는 한숨은 탕아를 해후할는지도 마치 모르나, 나는 신바람이 난 무당처럼 어깨를 치켰다 젖혔다 하면서라도 풍마우세의 고행을 얼른 그렇게 쉽사리 그만두지는 않는다.

아아 어쩐지 전신이 몹시 가렵다. 나는 무연한 중생의 못 원한 탓으로 악역의 범함을 입나 보다. 나는 은근히 속으로 앓으면서 토일렛 정한 대야에다 양손을 정하게 씻은 다음 내 자리로 돌아와 앉아 차근차근 나 자신을 반성 회오* —— 쉬운 말로 자지레한 셈을 좀 놓아 보아야겠다.

에티켓? 문벌? 양식? 번신술?

그렇다고 내가 찔끔 정희 어깨 위에 얹었던 손을 뚝 떼인다든지 했다가는 큰 망발이다. 일을 잡치리라. 어디까지든지 내 뺨의 홍조만을 조심하면서 좋아, 좋아, 좋아, 그래만 주면 된다. 그리고 나서 피차 다 알아들었다는 듯이 어깨에 손을 얹은 채 어깨를 나란히 흥천사 경내로 들어갔다. 가서 길을 별안간 잃어버린 것처럼 자분참 산 위로 올라가 버린다. 산 위에서 이번에는 정말 포즈를 하릴없이 무너뜨렸다는 것처럼 정교하게 머뭇머뭇해 준다. 그러나 기실 말짱하다.

풍경 소리가 똑 알맞다. 이런 경우에는 제법 번듯한 식자가 있는 사람이면 ——

아 —— 나는 왜 늘 항례에서 비켜서려 드는 것일까? 잊었느냐? 비싼 월사를 바치고 얻은 고매한 학문과 예절을.

---

* 회오 뉘우치고 깨달음.

현역 육군 중좌에게서 받은 추상 열일*의 훈육을 왜 나는 이 경우에 버젓하게 내세우지를 못하느냐?

창연한 고찰 유루 없는 장치에서 나는 정신차려야 한다. 나는 내 쟁쟁한 이력을 솔직하게 써먹어야 한다. 나는 고개를 숙이고 담배를 한 대 피워 물고 도장에 들어가는 소, 죽기보다 싫은 서투르고 근질근질한 포즈 체모독주에서 어지간히 성공해야만 한다.

그랬더니 그만두잔다. 당신의 그 어림없는 몸치렐랑 그만두세요. 저는 어지간히 식상이 되었습니다 한다.

그렇다면?

내 꾸준한 노력도 일조일석에 수포로 돌아가는 것이 아닌가.

대체 정희라는 가련한 '석녀'가 제 어떤 재간으로 그런 음흉한 내 간계를 요만큼까지 간파했다는 것이냐.

일시에 기진한다. 맥은 탁 풀리고는 앞이 팽 돌다 아찔하는 것이 이러다가 까무러치려나 보다고 극력 단장을 의지하여 버텨 보노라니까 희라! 내 기사회생의 종생도 이번만은 회춘하기 자히 어려울 듯싶다.

이상! 당신은 세상을 경영할 줄 모르는 말하자면 병신이오. 그다지도 '미혹' 하단 말씀이오? 건너다보니 절터지요? 그렇다 하더라도 〈카라마조프의 형제〉나 〈40년〉을 좀 구경삼아 들러 보시지요.

아니지! 정희! 그게 뭐냐 하면 나도 살고 있어야 하겠으니 너도 살자는 사기, 속임수, 일부러 만들어 내어 놓은 미신 중에도 가장 우수한 무서운 주문이오.

이상! 그러지 말고 시험삼아 한 발만, 한 발자국만 저 개흙밭에다 들여 놓아 보시지요.

이 악보같이 스무드한 담소 속에서 비칠비칠하노라면 나는 내게 필

---

* **추상 열일** 형벌이나 권위 따위가 몹시 엄함.

적하는 천의무봉의 탕아가 이 목첩간에 있는 것을 느낀다. 누구나 제 내어놓았던 협수룩한 포즈를 걷어치우느라고 허겁지겁들 할 것이다. 나도 그 때 내 슬하에 이렇게 유산되는 자손을 느끼면서 만재에 드리우는 극흉극비 종가의 부적을 앞에 놓고서 적이 불안하게 또 한편으로는 적이 안일하게 운명하는 마지막 낙백의 이 내 종생을 애오라지 방불히 하는 것이었다.

나는 내 분묘 될 만한 조촐한 터전을 찾는 듯한 그런 서글픈 마음으로 정희를 재촉하여 그 언덕을 내려왔다. 등 뒤에 들리는 풍경 소리는 진실로 내 심통함을 돕는 듯하다고 사자하면 정경을 한층 더 반듯하게 매만져 놓는 한 도움이 되리라. 그럼 진실로 풍경 소리는 내 등 뒤에서 내 마지막 심통함을 한층 들볶아 놓는 듯하더라.

미문에 견줄 만큼 위태위태한 것이 절승에 혹사한 풍경이다. 절승에 혹사한 풍경을 미문으로 번안 모사해 놓았다면 자칫 실족 익사하기 쉬운 웅덩이나 다름없는 것이니 첨위는 아예 가까이 다가서서는 안 된다. 도스토예프스키나 고리키는 미문을 쓰는 버릇이 없는 체했고 또 황량, 아담한 경치를 '취급' 하지 않았으되 이 의뭉스러운 어른들은 오직 미문은 쓸 듯 쓸 듯, 절승 경개는 나올 듯 나올 듯해만 보이고 끝끝내 아주 활짝 꼬랑지를 내보이지는 않고 그만둔 구렁이 같은 분들이기 때문에 그 기만술은 한층 더 진보된 것이며, 그런 만큼 효과가 또 절대하여 천 년을 두고 만 년을 두고 내리내리 부질없는 위무를 바라는 중속들을 잘 속일 수 있는 것이다. 그러나 —— 왜 나는 미끈하게 솟아 있는 근대 건축의 위용을 보면서 먼저 철근 철골, 시멘트와 세사, 이것부터 선뜩하니 감응하느냐는 말이다.

씻어 버릴 수 없는 숙명의 호곡, 몽고리안플렉(몽고지) 오뚝이처럼 쓰러져도 일어나고, 쓰러져도 일어나고 하니 쓰러지나 섰으나 마찬가지 의지할 얄팍한 벽 한 조각 없는 고독, 고고, 독개, 초초.

나는 오늘 대오한 바 있어 미문을 피하고 절승의 풍광을 격하여 소조하게 왕생하는 것이며 숙명의 슬픈 투시벽은 깨끗이 벗어 놓고 온아종용, 외로우나마 따뜻한 그늘 안에서 실명하는 것이다.

의료*하지 못한 이 홀홀한 '종생' 나는 요절인가 보다. 아니 중세최절인가 보다 이길 수 없는 육박, 눈 먼 떼까마귀의 매언 속에서 탕아 중에도 탕아 술객 중에도 술객이 난공불락의 관문의 괴멸, 구세주의 최후연히 방방곡곡이 여독은 삼투하는 허식 중에도 허식의 표백이다. 출색의 표백이다.

내부가 있는 불의. 내부가 없는 불의. 불의는 즐겁다. 불의의 주가낙락한 풍미를 족하는 아시나이까. 윗니는 좀 잇새가 벌고 아랫니만이 고운 이 한경같이 결함의 미를 갖춘 깜찍스럽게 시치미를 뗄 줄 아는 얼굴을 보라. 7세까지 옥잠화 속에 감춰 두었던 장분만을 바르고 그 후 분을 바른 일도 세수를 한 일도 없는 것이 유일의 자랑거리. 정희는 사팔뜨기다. 이것은 무엇으로도 대항하기 어렵다. 정희는 근시 6도다. 이것은 무엇으로도 대항할 수 없는 선천적 훈장이다. 좌난시 우색맹 아아이는 실로 완벽이 아니면 무엇이랴.

속은 후에 또 속았다. 또 속은 후에 또 속았다. 미만 14세에 정희를 그 가족이 강행으로 매춘시켰다. 나는 그런 줄만 알았다. 한 방울 눈물 ——

그러나 가족이 강행하였을 때쯤은 정희는 이미 자진하여 매춘한 후 오래오래 후다. 다홍 댕기가 늘 정희 등에서 나부꼈다. 가족들은 불의에 올 재앙을 막아 줄 단 하나 값나가는 다홍 댕기를 기탄없이 믿었건만 ——

그러나 ——

불의는 귀인답고 참 즐겁다. 간음한 처녀 —— 이는 불의 중에도 가장 즐겁지 않을 수 없는 영원의 밀림이다.

---

* **의료(意料)** 마음 속으로 헤아리거나 판단하거나 인식하는 일.

그럼 정희는 게서 멈추나?

나는 자기 소개를 한다. 나는 정희에게 분모를 지기 싫기 때문에 잔인한 자기 소개를 하는 것이다.

나는 벼를 본 일이 없다. 자전거를 탈 줄 모른다. 생년월일을 가끔 잊어버린다. 90노조모가 이팔소 부로 어느 하늘에서 시집 온 10대조의 고성을 내 손으로 헐었고 녹엽 천 년의 호도나무 아름드리 근간을 내 손으로 베었다. 은행나무는 원통한 가문을 골수에 지니고 찍혀 넘어간 뒤 장장 4년 해마다 봄만 되면 독시 같은 싹이 엄돋는 것이었다.

나는 그러나 이 모든 것에 견뎠다. 한번 석류나무를 휘어잡고 나는 폐허를 나섰다. 조숙 난숙 감 썩는 골머리 때리는 내. 생사의 기로에서 완이이소, 표한무쌍의 척구 음지에 창백한 꽃이 피었다.

나는 미만 14세 적에 수채화를 그렸다. 수채화의 파과. 보아라 목저 같이 야윈 팔목에서는 삼동에도 김이 무럭무럭 난다. 김나는 팔목과 잔털 나스르르한 매춘하면서 자라나는 회충같이 매혹적인 살결. 사팔뜨기와 내 흰자위 없는 짝짝이 눈. 옥잠화 속에서 나오는 기술 같은 석일의 화장과 화장 전폐, 이에 대항하는 내 자전거 탈 줄 모르는 아슬아슬한 천품. 다홍 댕기에 불의와 불의를 방임하는 속수무책의 내 나태.

심판이여! 정희에 비하여 내게 부족함이 너무나 많지 않소이까?

비등 비등? 나는 최후까지 싸워 보리라.

홍천사 으슥한 구석방 한 칸 방석 두 개 화로 한 개. 밥상 술상 ——

접전 수십 합. 좌충우돌. 정희의 허전한 관문을 나는 노사의 힘으로 들이친다. 그러나 돌아오는 반발의 흥기는 갈 때보다도 몇 배나 더 큰 힘으로 나 자신의 손을 시켜 나 자신을 살상한다.

지느냐. 나는 그럼 지고 그만두느냐.

나는 내 마지막 무장을 이 전장에 내세우기로 하였다. 그것은 즉 주란이다. 한 몸을 건사하기조차 어려웠다. 나는 게울 것만 같았다. 나는

게웠다. 정희 스커트에다. 정희 스타킹에다.

그리고도 오히려 나는 부족했다. 나는 일어나 춤추었다. 그리고 그
방 뒤 쌍창 미닫이를 열어제치고 나는 예서 떨어져 죽는다고 마지막 한
벌 힘만을 아껴 남기고는 나머지 있는 힘을 다하여 난간을 잡아 흔들었
다. 정희는 나를 붙들고 말린다. 말리는데 안 말리는 것도 같았다. 나는
정희 스커트를 잡아 제쳤다. 무엇인가 철썩 떨어졌다. 편지다. 내가 집
었다. 정희는 모른 체한다.

속달.(S와도 절연한 지 다섯 달이나 된다는 것은 선생님께서도 믿어 주시는 바지요? 하던 S에게서다.)

정희! 노하였소. 어젯밤 태서관 별장의 일! 그것은 결코 내 본의는 아니었소. 나는 그 요구를 하러 정희를 그 곳까지 데리고 갔던 것은 아니오. 내 불민을 용서하여 주기 바라오. 그러나 정희가 뜻밖에도 그렇게까지 다소곳한 태도를 보여 주었다는 것으로 적이 자위를 삼겠소.

정희를 하루라도 바삐 나 혼자만의 것을 만들어 달라는 정희의 열렬한 말을 물론 나는 잊어버리지는 않겠소. 그러나 지금 형편으로는 '아내' 라는 저 추물을 처치하기가 정희가 생각하는 바와 같이 그렇게 쉬운 일은 아니오.

오늘(3월 3일) 오후 여덟 시 정각에 금화장 주택지 그 때 그 자리에서 기다리고 있겠소. 어제 일을 사과도 하고 싶고 달이 밝을 듯하니 송림을 거닙시다. 거닐면서 우리 두 사람만의 생활에 대한 설계도 의논하여 봅시다.

3월 3일 아침 S

내게 속달을 띄우고 나서 곧 뒤이어 받은 속달이다.
모든 것은 끝났다. 어젯밤에 정희는 ——

그 낮으로 오늘 정희는 내게 이상 선생님께 드리는 속달을 띄우고 그 낮으로 또 나를 만났다. 공포에 가까운 번신술이다. 이 황홀한 전율을 즐기기 위하여 정희는 무고의 이상을 징발했다. 나는 속고 또 속고 또 또 속고 또 또 또 속았다.

나는 물론 그 자리에 혼도하여 버렸다. 나는 죽었다. 나는 황천을 헤매었다. 명부에는 달이 밝다. 나는 또다시 눈을 감았다. 태허에 소리 있어 가로되 너는 몇 살이뇨? 만 25세와 11개월이올시다. 요사로구나. 아니올시다. 노사올시다.

눈을 다시 떴을 때에 거기 정희는 없다. 물론 여덟 시가 지난 뒤였다. 정희는 그리 갔다. 이리하여 나의 종생은 끝났으되 나의 종생기는 끝나지 않는다. 왜?

정희는 지금도 어느 빌딩 걸상 위에서 드로어즈의 끈을 푸는 중이요, 지금도 어느 태서관 별장 방석을 베고 드로어즈의 끈을 푸는 중이요, 지금도 어느 송림 속 잔디 벗어 놓은 외투 위에서 드로어즈의 끈을 성히 푸는 중이니까.

이것은 물론 내가 가만히 있을 수 없는 재앙이다.

나는 이를 간다.

나는 걸핏하면 까무러친다.

나는 부글부글 끓는다.

그러나 지금 나는 이 철천의 원한에서 슬그머니 좀 비켜서고 싶다. 내 마음의 따뜻한 평화 따위가 다 그리워졌다.

즉 나는 시체다. 시체는 생존하여 계신 만물의 영장을 향하여 질투할 자격도 능력도 없는 것이리라는 것을 나는 깨닫는다. 정희, 간혹 정희의 후틋한 호흡이 내 묘비에 와 슬쩍 부딪는 수가 있다. 그런 때 내 시체는 홍당무처럼 화끈 달으면서 구천을 꿰뚫어 슬피 호곡한다.

그 동안에 정희는 여러 번 제(내 때꼽째기도 묻은) 이부자리를 찬란한 일광 아래 널어 말렸을 것이다. 누누한 이 내 혼수 덕으로 부디 이 내 시체에서도 생전의 슬픈 기억이 창궁 높이 훨훨 날아가 버렸으면——

나는, 지금 이런 불쌍한 생각도 한다. 그럼——

—— 만 26세와 3개월을 맞이하는 이상 선생님이여! 허수아비여!

자네는 노옹일세. 무릎이 귀를 넘는 해골일세. 아니, 아니.

자네는 자네의 먼 조상일세.

19세기식

정조

이런 경우 —— 즉 '남편만 없었던들', '남편이 용서만 한다면' 하면서 지켜진 아내의 정조란 이미 간음이다.

정조는 금제가 아니요 양심이다. 이 경우의 양심이란 도덕성에서 우러나오는 것을 가리키지 않고 '절대의 애정' 그것이다.

만일 내게 아내가 있고, 그 아내가 실로 요만 정도의 간음을 범할 때, 내가 무슨 어려운 방법으로 곧 그것을 알 때, 나는 '간음한 아내'라는 뚜렷한 죄명 아래 아내를 내어쫓으리라.

내가 이 세기에 용납되지 않는 최후의 한 꺼풀 막이 있다면, 그것은 오직 '간음한 아내는 내어쫓으라'는 철칙에서 영원히 헤어나지 못하는 내 곰팡내 나는 도덕성이다.

비밀

비밀이 없다는 것은 재산 없는 것처럼 가난할 뿐만 아니라, 더 불쌍

하다. 치정 세계의 비밀 —— 내가 남에게 간음한 비밀, 남을 내게 간음
시킨 비밀, 즉 불의의 양면 —— 이것을 나는 만금과 오히려 바꾸리라.
주머니에 분전이 없을 망정, 나는 천하를 놀려 먹을 수 있는 실력을 가
진 큰 부자일 수 있다.

이유

나는 내 아내를 버렸다.
아내는 '저를 용서하실 수는 없습니까?' 한다. 그러나, 나는 한번도
'용서'라는 것을 생각해 본 일은 없다.
왜?
'간음한 계집은 버리라'는 철칙에 의혹을 가지는 내가 아니다. 간음
한 계집이면, 나는 언제든지 곧 버린다. 다만, 내가 한참 망설여 가며
생각한 것은, 아내의 한 짓이 간음인가 아닌가, 그것을 판정하는 것이
었다. 불행히도 결론은 늘 '간음이다' 였다.
나는 곧 아내를 버렸다. 그러나 내가 아내를 몹시 사랑하는 동안 나
는 우습게도 아내를 변호하기까지 하였다.
'될 수 있으면 그것이 간음은 아니라는 결론이 나도록' 나는 나 자신
의 준엄 앞에 애걸하기까지 하였다.

악덕

용서한다는 것은 최대의 악덕이다. 간음한 계집을 용서하여 보아라.
한 번 간음에 맛을 들인 계집은, 두 번째도 세 번째도 간음하리라.
왜?
불의라는 것은 재물보다도 매력적인 것이기 때문에 ——.

계집은 두 번째 간음이 발각되었을 때, 실로 첫 번째 때 보지 못하던 귀곡적 기법으로 용서를 빌리라. 번번이 이 귀곡적 기법은 그 묘를 극하여 가리라. 그것은 여자라는 동물, 천혜의 재질이다.

어리석은 남편은 그 때마다 새로운 감상으로 간음한 아내를 용서하겠지 —— 이리하여, 실로 남편의 일생이란 '이놈의 계집이 또 간음하지나 않을까?' 하고 전전긍긍하다가 그만두는 가없이 허무한 탕진이리라.

내게서 버림을 받은 계집이 매춘부가 되었을 때, 나는 차라리 그 계집에게 은화를 지불하고 다시 매춘할 망정, 간음한 계집을 용서하지도 버리지도 않는 잔인한 악덕은 범하지 말아야 한다고 나는 나 자신에게 타이른다.

매상

8월 초하룻날 밤차로 너와 네 애인은 떠나는 것처럼 나한테는 그래 놓고 기실은 이튿날 아침 차로 가 버렸다.

내가 아무리 이 사회에서 또 우리 가정에서 어른 노릇을 못하는 변변치 못한 인간이기로소니 그래도 너희들보다야 어른이다.

"우리 둘이 떨어지기 어렵소이다."

하고 내게 그야말로 '강담판'을 했다면 낸들 또 어쩌랴. 암만,

"못 한다."

고 딱 거절했던 일이라도 어머니나 아버지 몰래 너희 둘 안동시켜서 괜히 전송할 내 딴은 여유도 아량도 있다.

그것을 나까지 속이고 그랬다는 것을 네 장래의 행복 이외의 아무것도 생각할 줄 모르는 네 큰오빠 나로서는 꽤 서운히 생각한다.

예정대로 B가 8월 초하룻날 밤 북행차로 떠난다고, 그것을 일러 주러 하룻날 아침에 너와 B 둘이서 나를 찾아왔다. 요전날 너희 둘이 의논차로 내게 왔을 때 말한 바와 같이 B만 떠나고 미경 너는 네 큰오빠

나와 함께 B를 전송하기로 한 것인데, 또 일의 순서상 일은 그렇게 하는 것이 옳지 않았더냐.

그것을 너는 어쩌면 그렇게 천연스러운 얼굴로,

"그럼 오빠, 있다가 정거장에 나오세요."

"암! 나가구말구, 이따 게서 만나자꾸나."

하고 헤어진 것이 그게 사실로 내가 너희들을 전송한 모양이 되었고, 또 너희 둘로서 말하면 너희끼리는 미리 그렇게 짜고 그래도 네게 작별한 모양이 되었다.

나는 고지식하게도 밤엔 차 시간을 맞춰서 비 오는데 정거장까지 나갔겠다. 내가 속으로 미리미리 꺼림칙히 여겨 오기를,

'요것들이 필시 내 앞에서 뻔지르르하게 대답을 해 놓고 뒤 꽁무니로는 딴 궁리를 채렸지!'

했더니 아니나다를까.

개찰도 아직 안 했는데 어째 너희 둘 모양이 아니 보이더라. '이것 필시' 하면서도 그래도 끝까지 기다려 보았으나 종시 너희 둘의 모양은 보이지 않고 말았다. 나는 그냥 입맛을 쩍쩍 다시고 집으로 돌아왔다.

와서는 그래도,

'아마 B의 양복 세탁이 어쩌니 어쩌니 하더니 그래저래 차 시간을 못 대인 게지, 좌우간에 무슨 통지가 있으렷다."

하고 기다렸다.

못 갔으면 이튿날 아침에 반드시 내게 무슨 통지가 있어야 할 터인데 역시 잠잠했다. 허허 —— 하고 나는 주춤하다가 동경서 온 친구들과 그만 석양판부터 밤새도록 술을 먹고 말았다.

물론 미경 네 얼굴 대신에 한 통의 전보가 왔다. 미경 함께 왔어도 근심 말라는 B의 '독백' 이구나.

나는 전보를 받아 들고 차라리 회심의 미소를 금할 수 없을 만하였다. 너희들의 그런 이도가 물을 베는 듯한 용단을 쾌히 여긴다.

미경아! 내게만은 아무런 불안한 생각도 가지지 마라!

다만 청대벽력처럼 너를 잃어버리신 어머니 아버지께는 마음으로 잘못했습니다라고 사죄하여라.

나 역시 집을 나가야겠다. 열두 해 전 중학을 나오던 열여섯 살 때부터 오늘까지 이 허망한 욕심은 변함이 없다.

작은오빠는 어디로 또 갔는지 돌아오지 않는다.

너는 국경을 넘어 지금은 이역의 인이다.

우리 삼남매는 모조리 어버이 공경할 줄 모르는 불효자식들이다.

그러나 우리들은 이것을 그르다고 생각하지는 않는다.

갔다와야 한다. 갔다 비록 못 돌아오는 한이 있더라도 가야 한다.

너는 네 자신을 위하여서도 또 네 애인을 위하여서도 옳은 일을 하였다. 열두 해를 두고 벼르나 남의 맏자식 된 은애의 정에 이끌려선지 내 위인이 변변치 못해 그랬던지 지금껏 이 땅에 머물러 굴욕의 조석을 송영하는 내가 지금 차라리 부끄럽기 짝이 없다.

너희들의 연애는 물론 내게만은 양해된 바 있었다. B가 그 인물에 비겨서 지금 불우의 신상이라는 것도 나는 잘 알고 있다.

다행히 B 밥먹을 걱정은 안 해도 좋은 집안에 태어났다. 그렇다고 밥이나 먹고 지내면 그만이지 하는 인간은 아니더라.

B가 내게 말한 바 B의 이상이라는 것을 나는 비판하지 않는다. 그것도 인생의 한 방도리라, 다만 그것이 어디까지든지 굴욕에서 벗어나려는 일념인 것이니 그렇다는 이유만으로도 나는 인정해야 하리라.

나는 차라리 그가 나처럼 남의 맏자식임에도 불구하고 집을 떠나겠다는 '술회'에 찬성했느니라.

허허벌판에 쓰러져 까마귀 밥이 될지언정 이상에 살고 싶구나. 그래서 B의 말대로 삼 년 가 있다 오라고 권하다시피한 것이다.

삼 년 —— 삼 년이라는 세월은 상상에 두 사람으로서는 좀 긴 것같이 생각이 들더니라. 그래서 미경 너는 어떻게 하고 가야 하나 하는 문제가 났을 때 나는 ——

너희 두 사람의 교제도 일 년이나 가까워오니 그만하면 서로 충분히 알았으리라. 그놈이 재상 재목이면 무엇하겠느냐, 네 눈에 안 들면 쓸 곳이 없느니라. 그러니 내가 어쭙잖게 주둥이를 디밀어, 이러쿵저러쿵 할 계제가 못 되는 일이지만 ——

나는 나 유로 그저 이러는 것이 어떻겠느냐는 정도로 또 그래도 네 혈족의 한 사람으로서 잠자코만 있을 수도 없고 해서 ——

삼 년? 과연 너무 기니 우선 삼 년 작정하고 가서 한 일 년 있자면 웬만큼 생활의 터는 잡히리라. 그렇거든 돌아와서 결혼식을 해도 좋기는 좋지만 그것은 어째 결혼식을 위한 결혼식 같아서 안됐다. 결혼식 같은 것은 나야 우습게 알았다. 하지만 어머니 아버지도 계시고 사람들의 눈도 있고 하니 그저 그까짓 일로 해서 남의 조소를 받을 것도 없는 일이오 ——

이만큼 하고 나서 나는 B와 너에게 번갈아 또 의사를 물었다.

B는 내 말대로 그러만다. 내년 봄에는 꼭 돌아와서 남보기 흉하지 않을 정도로 결혼식을 한 다음 데려가겠다는 것이다.

그러나 네 말은 이와 다르다. 즉 결혼식 같은 것은 언제 해도 좋으니 같이 나서겠다는 것이다. 살아도 살고 죽어도 죽고 해야지 타역에 가서 어떻게 데려가기만 기다릴 수 없단다. 그리고 또 남자의 마음 믿기도 어렵고 —— 우물 안 개구리처럼 자라난 제가 고생 한 번 해 보는 것도 좋지 않으냐는 네 결의였다.

아직은 이 사회 기구가 남자 표준이다. 즐거울 때 같이 즐기기에 여자는 좋다. 그러나 고생살이에 여자는 자칫하면 남자를 결박하는 포승 노릇을 하기 쉬우리라. 그래서 어느 만큼 자리가 잡히도록은 B혼자 내버려 두라고 재삼 내가 다시 충고하였더니 너도 OK의 빛을 보이고 할 수 없이 승낙하였다. 그리고 나는 너 보는 데서 B에게 굳게굳게 여러 가지로 다짐을 받아 두었건만 ——.

이제 와서 알았다. 너희 두 사람의 애정에 내 충고가 낑기울 백지 두께의 틈바구니도 없었다는 것을 말이다. 또한 내 마음이 든든하지 않으랴.

삼남매의 막내둥이로 내가 너무 조열인데 비해서 너는 응석으로 자라느라고 말하자면 '만열'이 없다. 학교 시대에 인천이나 개성을 선생님께 이끌려 가 본 이외에 너는 집 밖으로 십 리를 모른다. 그런 네가 지금 국경을 넘어서 가 있구나 생각하면 정신이 번쩍 난다.

어린애로만 생각하던 네가 어느 틈에 그런 엄청난 어른이 되었누.

부모들도 제 따님들을 옛날 당신네들이 자라나던 시절 따님 대접하듯 했다가는 엉뚱하게 혼이 나실 시대가 왔다. 오빠들이 어림없이 동생을 허명무실하게 '취급' 했다가는 코 떼일 시대다.

나는 그렇게 느꼈다.

나는 망치로 골통을 얻어맞은 것처럼 아찔한 가운데서도 네가 집을 나가지 않으면 안 된 이유를 생각해 본다.

첫째, 너는 네 애인의 전부를 독점해야 하겠다는 생각이겠으니 이거야 인력으로 좌우되는 일도 아니겠고 어쩔 수도 없는 일이다.

둘째, 부모님이 너희들의 연애를 쾌히 인정하려 들지 않는 까닭이다.

제 자식들의 연애가 정당했을 때 부모는 그 연애를 인정해 주어야 할 뿐만 아니라 나아가서는 그 연애를 좋게 지도할 의무가 있을 터인데 ——

불행히 우리 어머니 아버지는 늙으셔서 그러실 줄을 모르신다. 내게는 이런 부모를 설복할 심경의 여유가 없었다. 그냥 행동으로 보여 주는 수밖에는 없다.

셋째, 너는 확실치 못하나마 생활이라는 인식을 가졌다. '여자에게도 직업이 있어서 경제적으로 언제든지 독립해 보일 실력이 있어야만 한다.'는 것이 부모님 마음에는 안 드는 점이었다.

'돈 버는 것도 좋지만 기집애 몸 망치기 쉬우니라.'는 것은 부모님들의 말씀이시다.

너 혼자 힘으로 암만해도 여기서 취직이 안 되니까 경도 가서 여공 노릇을 하면서 사는 네 동무에게 편지를 하여 그리 가서 여공이 되려고 까지 한 일이 있지.

그냥 살자니 우리 집은 네 양말 한 켤레를 마음대로 사 줄 수 없을 만큼 가난하다. 이것은 네 큰오빠 내가 네게 다시없이 부끄러운 일이지만 —— 그러나 네가 한 번도 나를 원망한 일은 없는 것을 나는 고맙게 안다.

그런 너다. B의 포승이 되기는커녕 족히 너는 너대로 활동하면서 B를 도우리라고 나는 믿는다.

기왕 나갔다. 나갔으니 집의 일에 연연하지 말고 너희들의 부끄럽지 않은 성공을 향하여 전심을 써라. 삼 년 아니라 십 년이라도 좋다. 패잔한 꼴이거든 그 벌판에서 개밥이 되더라도 다시 고토를 밟을 생각을 마라.

나도 한 번은 나가야겠다. 이 흙을 굳게 지켜야 할 것도 잘 안다. 그러나 지켜야 할 직책과 나가야 할 직책과는 스스로 다를 줄 안다.

네가 나갔고 작은오빠가 나가고 또 내가 나가 버린다면 늙으신 부모는 누가 지키느냐고 염려 마라. 그것은 맏자식된 내 일이니 내가 어떻게라도 하마. 해서 안 되면 ——

혁혁한 장래를 위하여 불행한 과거가 희생되었달 뿐이겠다.

너희들이 국경을 넘던 밤에 나는 주석에서 '올림픽' 보도를 듣고 있었다. 우리들은 이대로 썩어서는 안 된다. 당당히 이들과 열하여 똑똑하게 살아야 하지 않겠느냐.

정신 차려라!

신당리 버터고개 밑 오동나뭇골 빈민골에는 송장이 다 되신 할머님과 자유로 기동도 못하시는 아버지와 50평생을 고생으로 늙어 쭈그러진 어머니가 계시다.

네 전보를 보시고 이분들이 우시었다. 너는 날이면 날마다 그 먼 길을 문안으로 내게 왔다. 와서 그 날의 양식거리를 타 갔다. 이제 누가 다니겠니.

어머니는,

'내가 말을 잃어버렸구나. 이거 허전해서 어디 살겠니.'
하시더라. 그 날부터는 내가 다 떨어진 구두를 찍찍 끌고 말 노릇을 하는 중이다.

이런 것 저런 것을 비판 못 하시는 부모는 그저 별안간 네가 없어졌대서 눈물이 비오듯 하시더라. 그것을 내가,

'아 왜들 이리 야단이십니까. 아 죽어 나갔단 말입니까.'

이렇게 큰소리를 해 가면서 무마시켜 드리기는 했으나 나 역시 한 삼 년 너를 못 보겠구나 생각을 하니 갑자기 네가 그리웠다. 형제의 우애는 떨어져 보아야 아는 것이던가.

한 삼 년 나도 공부하마. 그래서 이 '노멀' 하지 못한 생활의 굴욕에서 탈출해야겠다. 그 때 서로 활발한 낯으로 만나자꾸나.

너도 아무쪼록 성공해서 하루라도 속히 고향으로 돌아오너라.

그야 너는 여자니까 아무 때 나가도 우리 집안에서 나가기는 해야 할 사람이지만 일이 너무 그렇게 급하게 되어 놓아서 어머니 아버지께서 놀라셨다 뿐이지, 나야 어떻겠니.

여하간 이번 너의 일 때문에 내가 깨달은 바 많다. 나도 정신차리마.

원래가 포류지질로 대륙의 혹독한 기후에 족히 견뎌 낼는지 근심스럽구나. 특히 몸 조심을 잊어서는 안 된다. 우리 같은 가난한 계급은 이 몸뚱어리 하나가 유일 최후의 자산이니라.

편지하여라.

이유없는 세상에도 나만은 언제라도 네 편인 것을 잊지 마라. 세상은 넓다. 너를 놀라게 할 일도 많겠거니와 또 배울 것도 많으리라.

이 글이 실리거든 〈중앙〉 한 권 사 보내 주마. B와 같이 읽고 이 큰오빠 이야기를 더 잘하여 두어라.

축복한다.

내가 화가를 꿈꾸던 시절 하루 오 전 받고 '모델' 노릇 하여 준 미경, 방탕 불효한 이 큰오빠의 단하나 이해자인 미경, 이제는 어느덧 어른이 되어서 그 애인과 함께 만 리 이역 사람이 된 미경, 네 장래를 축복한다.

이틀이나 걸려서 쓴 이 글이 두서를 잡기 어려울 줄 아나 세상의 너 같은 동생을 가진 여러 오빠들에게도 이 글을 읽히고 싶은 마음에 감히 발표한다. 또 애정만을 사다고.

닷샛날 아침
너를 사랑하는 큰오빠 쓴다.

(원제 : 동생 미경 보아라 세상의 오빠들도 보시오.)

여상

    지난 여름 뒷산 머루를 많이 따먹고 입술이 젖꼭지빛으로 까맣게 물든 것을 보았습니다. 지금 토실토실한 살 속으로 따끈따끈 포도주가 흐릅니다. 단 한 사람을 위한 잔치 단 한 번 잔치를 위하여 예비된 이 병, 마개를 뽑기는커녕 아무나 만져 보는 것도 아닙니다. 그러나 자색 복스 피부에서 겨우내 목초내가 향긋하니 납니다.

    삼단 같은 머리에 다홍빛 댕기가 고추처럼 열렸습니다. 물통에 물도 가만 있는데 댕기는 왜 이렇게 흔들리나요. 꼭 쥐어야지요. 너무 흔들리다가 마음이 들뜨기 쉽습니다.

    이 봄이 오더니 저고리에 머리때가 유난히 묻고 묻고 하는 것이 이상합니다. 아랫배가 싸르르 아프다는 핑계로 가야 할 나물 캐러도 못 가곤 합니다. 도회와 달라 떠들지 않고 오는 봄, 조용히 바뀌는 아이 어른. 그만해도 다섯 해 전 거성 입은 몸이 서도 6백 50리에 이런 처녀를 처음 보았고 그 슬프고도 흐늑흐늑한 소꿉장난을 지금껏 잊으려야 잊을 수는 없습니다.

조춘 점묘

보험 없는 화재

격장에서 불이 났다. 흐린 하늘에 눈발이 성기게 날리면서 화염은 오징어 모양으로 덩어리 먹을 퍽퍽 토한다. 많은 약품을 취급하는 큰 공장이란다. 거대한 불더미 속에서는 간헐적으로 재채기하듯이 색다른 연기 뭉텅이가 내뿜긴다. 약품이 폭발하나 보다.

역 송구스러운 말이나 불구경 싫어하는 사람은 없는 것 같다. 뒤꼍으로 돌아가서 팔짱을 끼고 서서 턱살 밑으로 달겨드는 화광을 쳐다보고 섰자니까 얼굴이 후끈후끈해 들어오는 것이 꽤 할 만하다. 잠시 황홀한 '엑스타시' 속에 놀아 본다.

불을 붙여 놓고 보니까 뜻밖에 너무도 엉성한 그 공장 바라크*는 삽시간에 불길에 휘감겨 버리고 그리고 그 휘말린 혓바닥이 인접한 게딱지 같은 빈민굴을 향하여 널름거리기 시작해서야 겨우 소방대가 달려왔다. 인제 정말 재미있다. 삼방으로 '호스'를 들이대고는 빈민굴 지붕

＊ 바라크(baraque) 허름하게 임시로 지은 작은 집. 가건물.

위에 올라서서 야단들이다. 하릴없이 까치다.

이만큼 떨어져서 얼굴이 뜨거워 못 견디겠으니 거진 화염 속에 들어서다시피 바싹 다가선 소방대들은 어지간하렷다 하면서 여전히 점점 더 사나와 오는 훈훈한 불길을 쪼이고 있자니까 인제는 게서 더 못 견디겠는지 호스 꼭지를 쥐인 채 지붕에서 뛰어내려온다. 그러면 그렇지 하고 그 실오라기만도 못한 물줄기를 업신여기자니까 이번에는 호스를 화염 쪽에서 돌려서 잇닿은 빈민굴을 막 축이기 시작이다. 이미 화염에 굴뚝과 빨래 널어 놓은 장대를 끄실리우기 시작한 집에서들은 세간 기명을 끌어 내느라고 허겁지겁들 법석이다. 하더니 헐어 내기 시작이다.

타는 것에서는 손을 떼고 성한 집을 헐어 내는 이유는 이 좀 심한 서북풍에 화염의 진로를 차단하자는 속셈일 것이다. 그러나 아직 불은 붙지도 않았는데 덮어놓고 헐리고 물을 끼얹히고 해서 세간 기명을 그냥 엉망을 만들어 버린 빈민굴 주민들로 치면 또 예서 더 억울할 데가 없을 것이다.

하도들 들이몰리고 내몰리고들 좁은 골목 안에서 복작질들을 치길래 좀 내다보니까 삼층장 의걸이 양푼 납세 독촉장 바이올린 여우목도리 다 헤진 돗자리 단장 스파이크 구두 구공탄 풍로 뭐 이 따위 나부랭이가 장이 서다시피 내쌓였다. 그 중에도 이부자리는 물벼락을 맞아서 결딴이 난 것이 보기 사납다.

그제서야 예까지 타들어 오려나 보다 하고 선뜩 겁이 난다. 집으로 얼른 들어가 보니까 어머니가 덜덜 떨면서 때묻은 이불 보퉁이를 뭉쳤다 끌렀다 하면서 갈팡질팡하신다. 코웃음이 문득 나오는 것을 참으면서 그건 그렇게 싸서 어따가 내놀 작정이십니까 하고 묻는다. 생각하여 보면 남의 셋방 신세이니 탄들 다 탄대야 집 한 채 탄 것의 몇 분의 일도 못 되리라. 불길은 인제는 서향 유리창에 환하다. 타려나 보다. 타면 탔지——하는 일종 비유키 어려운 허무한 생각에서 다시 뒤꼍으로 돌아가서 불구경을 계속한다.

그 동안에도 만일 불이 정말 이 일대를 소진하고야 말 작정이라면 제일 먼저 꺼내와야 할 것이 무엇일까를 생각하여 보았다.

그러나 아무것도 선뜻 떠오르는 게 없다. 그럼 다 타도 좋다는 심리인가? 아마 그런 게다. 그러나 어머니는 그 다 떨어진 포대기와 빈대투성이 반닫이가 무한히 아까운 모양이었다.

또 저 걸레나부랭이를 길에 내놓았다가 그것들을 줄레줄레 들고 찾아갈 곳이 있나 그것도 생각해 보았으나 그 역시 없다. 일가 혹은 친구 —— 내 한 몸뚱이 같으면 몰라도 이 때묻은 가족들을 일시에 말없이 수용해 줄 곳은 암만해도 없는 것이다. 불행히 불은 예까지는 오기 전에 꺼졌다. 그 좋은 불구경이 너무 하잘것 없이 끝난 것도 섭섭했지만 그와는 달리 무엇이라고 형언할 수 없는 적막을 느꼈다. 듣자니 공장은 화재 보험 덕에 한 폰드*짜리 알코올 병 하나 꺼내 놓지 않고 수만 원의 보상을 받으리라 한다. 화재 보험——참 이것은 어떤 종류의 고마운 하느님보다도 훨씬 더 고마운 하느님에 틀림없다.

어머니는 어찌 되든지 간에 그 때 마음 같아서는 '빌어먹을! 몽땅 다 타버리지' 하고 실없이 심술이 났다. 재산도 그 대신 걸레조각도 없는 알몸뚱이가 한번 되어 보고 싶었던 게다. 물론 화재 보험 하느님이 내게 아무런 보상도 끼칠 바는 아니련만…….

단지한 처녀

들판이나 나무에 핀 꽃을 뚝 꺾어 본 일이 없다. 그건 무슨 제법 야생 것을 더 귀해한답시고 해서 그런게 아니라 대체가 성격이 비겁하게 생

---

* 폰드(pound) 파운드. 무게의 단위로 0.4536 kg.

겨 먹은 탓이다. 못 꺾는 축보다는 서슴지 않고 꺾을 수 있는 사람이 역시 —— 매사에 잔인하다는 소리를 듣는 수는 있겠지만 —— 영단이란 우수한 성격적 무기를 가진 게 아닌가 한다.

끝엣누이 동무 되는 새악시가 그 어머니 임종에 왼손 무명지를 끊었다. 과연 동양 도덕의 최고 수준을 건드렸대서 무슨 상인지 돈 3원을 탔단다. 세월이 세월 같으면 번듯한 홍문이 서야 할 계제에 돈 3원이란 어떤 도량형법으로 산출한 액수인지는 알 바가 없거니와 그보다도 잠깐 이 단지한 새악시 자신이 되어 생각을 해 보니 소름이 끼친다. 사뭇 식도로다 한 번 찍어 안 찍히는 것을 두 번 찍고 세 번 찍고 열 번 찍어 안 넘어가는 나무가 없다는 격으로 기어이 찍어 떨어뜨렸다니 그 하늘이 동할 효성도 효성이지만 위선 이 끔찍끔찍한 잔인성은 상상만 해도 몸서리가 치고 오히려 남음이 있는가 싶다. 이렇게 해서 더러 죽은 어머니를 살리는 수가 있다니 그것을 의학이 어떻게 교묘하게 설명해 줄지는 모르나 도무지 신화 이상의 신화다.

원체가 동양 도덕으로는 신체발부에 창이를 내는 것은 엄중히 취체한다고 과문이 들어 왔거늘 그럼 이 무시무시한 훼상을 왈 중에도 으뜸이라는 효도의 극치로 대접하는 역설적 이론의 근거를 찾기 어렵다.

무슨 물질적인 문화에 그저 맹종하자는 게 아니라 시대와 생활 시스템의 변천을 좇아서 거기 따르는 역시 새로운 즉, 이 시대와 이 생활에 준거되는 적확한 윤리적 척도가 생겨야 할 것이고가 아니라 의식적으로 입법해 내어야 할 것이다.

단지 —— 이 너무나 독한 도덕 행위는 오늘 우리가 짊어지고 있는 어떤 종류의 생활 시스템이나 사상적 프로그램으로 재어 보아도 송구스러우나 일종의 무지한 만적 사실인 것을 부정키 어려운 외에 아무 취할 것이 없다.

알아 보니까 학교도 변변히 못 가본 규중 처녀라니 물론 학교에서 얼어 배운 것은 아니겠고 그렇다면——어른들의 호랑이 담배 먹는 옛이 야기나 그렇지 않으면 울긋불긋한 각설이 떼 체 효자 충신전이 뙤겨 준 것임에 틀림없을 것이다. 그 밖에 손가락을 잘라서 죽는 부모를 살릴 수 있다는 가엾은 효법을 이 새악시에게 여실히 가르쳐 줄 수 있을 만 한 길이 없다. 아 —— 전설의 힘의 이렇듯 큼이여.

그러자 수삼일 전에 이 새악시를 보았다. 어머니를 잃은 크낙한 슬픔 이 만면에 형언할 수 없는 추색을 빚어 내는 새악시의 인상은 독하기는커 녕 어디 한 군데 흠잡을 데조차 없는 가련한 온순한 하디의 '테스' 같은 소녀였다. 누이는 그냥 제 일같이 붙들고 울고 하는 곁에서 단지에 대한 그런 아포리즘*과는 딴 감격과 슬픔을 느끼지 않을 수 없었다. 기적으 로 상처는 도지지도 않고 그냥 아물었으니 하늘이 무심치 않구나 했다.

여하간 이 양이나 다름없이 부드럽게 생긴 소녀가 제 손가락을 넙적 한 식도로다 데꺽 찍어 내었거니는 꿈에도 생각할 수 없다.

다만 그의 가련한 무지와 가증한 전통이 이 새악시로 하여금 어머니를 잃고 또 저는 종생의 불구자가 되게 한 이중의 비극을 낳게 한 것이다.

극구 칭찬하는 어머니와 누이에게 억제하지 못할 슬픔은 슬쩍 감추 고 일부러 코웃음을 짓고 —— 여자란 대개가 도무지 잔인하게 생겨먹 었습네다. 밤낮으로 고기도 썰고 두부도 썰고 생선 대가리도 족이고 나 물도 뜯고 버들가지를 꺾어서는 피리도 만들고 필육도 찢고 버선감도 싹뚝싹뚝 썰어 내고 허구헌날 하는 일이 일일이 잔인하기 짝이 없는 것 뿐이니 아따 제 손가락 하나쯤 비웃 한 마리 토막 치는 셈만 치면 찍히 지 —— 하고 흘려 버린 것은 물론 궤변이요, 속으로는 역시 그 갸륵한 지성과 범키 어려운 일편단심에 아파하지 않을 수 없었고 존경하는 마 음으로 하여 머리 수그리지 않을 수는 없었다.

---

* 아포리즘(aphorism) 간결하며 압축된 형식으로 표현된 격언.

불행히 시대에서 비켜선 지고한 효녀 그 새악시! 그래 돈 3원에다 어느 신문 사회면 저 아래에 칼표 딱지만한 우메구사*를 장만해 준밖에 무엇이 소저의 적막해진 무명지 억울한 사정을 가로맡아 줍디까. 당신을 공경하면서 오히려 '단지'를 미워하는 심사 저 뒤에는 아주 근본적으로 미워해야 할 무엇이 가로놓여 있는 것을 소저! 그대는 꿈에도 모르리라.

차생 윤회

길을 걷자면 '저런 인간일랑 좀 죽어 없어졌으면.' 하고 골이 벌컥 날 만큼 이 세상에 살아 있지 않아도 좋을, 산댔자 되려 가지가지 해독이나 끼치는밖에 재조가 없는 인생들을 더러 본다. 일전 영화 〈죄와 벌〉에서 얻어 들은 '초인 법률 초월론'이라는 게 뭔지는 모르지만 진보된 인류 우생학적 위치에서 보자면 가령 유전성이 확실히 있는 불치의 난병자, 광인, 주정 중독자, 유전의 위험이 없더라도 접촉 혹은 공기 전염이 꼭 되는 악저의 소유자 또 도무지 어떻게도 손을 대일 수 없는 절대 걸인 등 다 자진해서 죽어야 하든지 그렇지 않으면 모종의 권력으로 일조일석에 깨끗이 소탕을 하든지 하는 게 옳을 것이다. 극흉 극악의 범죄인도 물론 그 종자를 절멸시켜야 옳을 것인데 이것만은 현행의 법률이 잘 행사해 준다. 그러나 —— 법률에 대한 어려운 이론을 알 배 없거니와 —— 물론 충분한 증거와 함께 범죄 사실이 노현한 경우에 한하여서이다. 영화 〈프랑켄슈타인〉에 나오는 지상 최대의 흉악한 용모의 소유자가 여기도 있다면 그 흉리에는 어떤 극악의 범죄 계획을 내함하고 있다 하더라도 다만 그의 그 용모 골상이 흉악하다는 이유만으로는 법

---

* 우메구사 일본말. 잡지 등에서 여백을 메우는 짧은 기사.

률이 그에게 제재나 처리를 할 수는 없으리라. 법률은 그런 경우에 미행을 붙여서 차라리 이 자의 범죄 현장을 탐탐히 기다릴 것이다. 의아한 자는 벌치 않는다니 그럴 법하다.

그러나 또 생각해 보면 걸인도 없고 병자도 없고 범죄인도 없고 하여간 오늘 우리 눈에 거슬리는 온갖 것이 다 깨끗이 없어져 버린 타작 마당 같은 말쑥한 세상은 만일 그런 것이 지상에 실현될 수 있다면 지상은 그야말로 심심하기 짝이 없는 권태 그것과 같은 세상일 것이다. 그러니까 자선가의 허영심도 채울 길이 없을 것이다. 의사도 변호사도 아니 재판소도 온갖 것이 다 소용이 없어질 것이고 따라서 그 날이 그 날 같고 이럴 것이니 이래서야 참 정말 속수무책으로 바야흐로 할 일이 없어질 것이다. 이런 춘풍 태탕한 세월 속에서 어쩌다가 우연히 부스럼이라도 좀 나는 사람이 하나 있다면 참괴 이것을 이기지 못하여 천하 만민 앞에서 아주 깨끗하게 일신을 자결할 것이고 또 그런 세상의 도덕이 그리기를 무언중에 요구해 놓아 둘 것이다.

그게 겁이 나서 그런지는 모르지만 천하의 어떤 우생학자들도 초인법률 초월론자도 행정자에게 대하여 정말 이 '살아 있지 않아도 좋을 인간들'의 일제한 학살을 제안하거나 요구치는 않나 보다. 혹 요구된 일이 전대에 더러 있었는지는 모르지만 일찍이 한번도 이런 대영단적 우생학을 실천한 행정자는 없는가 싶다. 없을 뿐만 아니라 나환자 사구금이니 빈민 구제기관이니 시료병실이니 해서 어쨌든 이네들의 생명에 대하여 아무런 위협도 가하지 않을 뿐 아니라 한편 그윽히 보호하는 기색이 또한 무르녹는다. 가령 종로에서 전차를 기다리자면 '나리 한 푼 줍쇼' 하고 달겨든다. 더러 준다. 중에는 '내 10전 줄께 다시는 거지 노릇을 하지 말라' 한 부인이 있다니 포복할 일이다. 또 점두에 그 호화 장려한 풍모로 나타나서 '한 푼 줍쇼' 소리를 될 수 있는 대로 듣기 싫게 연발하는 인간에게도 불성문으로 한 푼 주어 보내기로 되어 있다. 그래서 암암리에 사람들은 이 지상의 암을 잘 기를 뿐만 아니라 은연히 엄호한다. 역시 눈에 띄지 않는 모순이다.

즉, 그런 그다지 많지 않은, 그러나 결코 적지 않은 한층을 길러서 이쪽이 제 생활의 어떤 원동력을 게서 얻자는 것인지도 모른다. 목숨이 끊어지지 않을 만큼만 먹여 살려서는 그런 것이 역연히 지상에 있다는 것을 사실로 지적해서는 제 인생 생활의 가치와 '레 — 송데틀'을 교만하게 긍정하자는 기획일 것이다. 그러면서 부절히 이 악저로 하여 고통과 협위를 느끼는 중에 '네놈이 어디 나 같은 인간이 될 수 있나 해 보아라' 하는 형용할 수 없는 무슨 투쟁심을 흉중에 축적시켜서는 '저게 겨우내 안 죽고 또 살앗' 하는 의외에도 생활의 원동력을 급취하자는 것일 게다.

하루 종로를 오르내리는 동안에 세 번 적선을 베푼 일이 있다. 파기록적 사실임에 틀림없다. 한 푼 받아들고 연해 고개를 끄덕이고 꽁무니를 빼는 꼴을 보면서 '네놈 덕에 내가 사람 노릇하는 것이다. 알기나 아니?' 하고 심히 궁한 허영심에서 고소하였다. 자신 역시 지상에 살 자격이 그리 없다는 것을 가끔 느끼는 까닭이다. 그러나 다음 순간 '나를 먹여 살리는 내 바로 상부 구조가 또 이렇게 만족해하겠지' 하고 소름이 연 쫙 끼쳤다. 그 때의 나는 틀림없이 어떤 점잖은 분들의 허영심과 생활 원동력을 제공하기 위하여 꾸물꾸물하는 '거지적 존재'구나. 눈에 불이 번쩍 나지 않을 수 없었다.

공지에서

얼음이 아직 풀리기 전 어느 날 덕수궁 마당에 혼자 서 있었다. 마른 잔디 위에 날이 따뜻하면 여기저기 쌍쌍이 벌려 놓일 사람 더미가 이 날은 그림자도 안 보인다. 이렇게 넓은 마당을 텅 이렇게 비어 두는 뜻이 알 길 없다. 땅이 심심할 것 같다. 땅도 인제는 초목이 우거지고 기암괴석이 배치되는 데만 만족해하지는 않을 게다. 차라리 초목이 없고 괴석이 없더라도 집이 서고 집 속에 사람들이 북적북적하고 또 집과 집 사이에 참 아끼고 아껴서 남겨 놓은 가늘고 길고 요리 휘고 조리 휘인 얼마간의 지면 —— 즉 길에는 늘 구두 신은 남녀가 뚜걱뚜걱 오고 가고 여러 가지 차량들이 굴러 가고 하기를 희망할 것이다. 이렇게 땅의 성격도 기호도 변하였을 것이다. 그래 이건 아마 겨울 동안에는 인마의 통행을 엄금해 놓은 격별한 땅이나 아닌가 하고 대단히 겸연쩍어서 부리나케 대한문으로 내달려려니까 하늘에 소리 있으니 사람의 소리로다 —— 그러나 역시 잔디밭 위에는 아무도 없고 지난 가을에 헤뜨리고 간 캐러멜 싸개가 바람에 이리 날고 저리 날고 할 뿐이다.

그러나 다음 순간 반드시 덕수궁에 적을 둔 금붕어 떼나 놀아야 할 연못 속에 겨울 차림을 한 남녀가 무수히 헤어져 놀고 있는 것이 눈에 띄었다. 하나도 육지에 올라선 이가 없이 말짱 그 손바닥만한 연못에 들어서서는 스마트한 스케이팅을 즐기는 것이 아닌가.

요컨대 새로 발견된 공지로군 —— 하고 경이의 눈을 옮길 길이 없어 가까이 다가서서는 그 새로 점령된 미끈미끈한 공지를 조심성스러이 좀 들여다 보았다. 그러나 금붕어들은 다 어디로 쫓겨 갔을까? 어족은 냉혈동물이라니 물이 얼어도 밑바닥까지만 얼지 않으면 그 얼음장 밑 냉수 속에서 족히 살아갈 수 있다는 것인가. 그러나 그 예리한 스케이트 날로 너무 긁혀 놓아서 얼음은 영 불투명하다. 투명만 하면 불그스레한 금붕어 꽁지가 더러 들여다 보이기도 하련만 —— 하여간 이 손바닥만한 연못이 깊으면 얼마나 깊을까 —— 바탕까지 다 꽝꽝 얼었다면 어족은 일거에 몰사하였을 것이고 얼음장 밑에 물이 흐르고 있다면 이 까닭 모를 소요에 얼마나 어족들이 골치를 앓을까? 이 신기한 공지를 즐기기 위하여는 물론 그들은 어족의 두통 같은 것은 가산하지 않았을 것이다.

그 날 황혼 천하에 공지 없음을 한탄하며 뉘집 이층에서 저물어 가는 도회를 내려다보고 있었다. 그 때 실로 덕수궁 연못 같은 날만 따뜻해지면 제 출물에 해소될 엉성한 공지와는 비교가 안 되는 참 훌륭한 공지를 하나 발견하였다.

××보험회사 신축 용지라고 대서 특서한 높다란 판장으로 둘러막은 목산 범 천 평 이상의 명실상부의 공지가 아닌가.

잡초가 우거졌다가 우거진 채 말라서 일면이 세피아빛으로 덮인 실로 황량한 공지인 것이다. 입추의 여지가 가히 없는 이 대도시 한복판에 이런 인외경의 감을 풍기는 적지 않은 공지가 있다는 것은 기적 아닐 수 없다.

인마의 발자취가 끊긴 지 —— 아니 그건 또 처음부터 없었는지도 모르지만 —— 오랜 이 공지는 강아지가 서너 마리 모여 석양에 그림자를 끌고 희롱한다. 정말 공지 —— 참말이지 이 세상에는 인제는 공지라고는 없다. 아스팔트를 깐 뻔질한 길도 공지가 아니다. 질펀한 논밭, 임야, 석산, 다 아무개의 소유 답이요, 아무개 소유의 산갓이요, 아무개 소유의 광산인 것이다. 생각하면 들에 나는 풀 한 포기가 공지에 뿌리를 내리지 못한다. 이치대로 하자면 우리는 소유자의 허락이 없이 일보의 반보를 어찌 옮겨 놓으리요. 오늘 우리가 제법 교외로 산보도 할 수 있는 것은 아직도 세상 인심이 좋아서 모두들 묵허를 해 주니까 향유할 수 있는 치사다. 하나도 공지가 없는 이 세상에 어디로 갈까 하던 차에 이런 공지다운 공지를 발견하고 저기 가서 두 다리 쭉 뻗고 누워서 담배나 한 대 피웠으면 하고 나서 또 생각해 보니까 이것도 역 ××보험회사가 이윤을 기다리고 있는 건조물인 것을 깨달았다. 다만 이 건조물은 콘크리트로 여러 층을 쌓아올린 것과 달라 잡초가 우거진 형태를 하고 있을 뿐인 것이다.

봄이 왔다. 가난한 방안에 왜꽈리 분 하나가 철을 찾아서 요리조리 싹이 튼다. 그 닥굿 한 되도 안 되는 흙 위에다가 늘 잉크병을 여놓고 하다가 싹트는 것을 보고 잉크병을 치우고 겨우내 그대로 두었던 낙엽을 거두고 맑은 물을 한 주발 주었다. 그리고 천하에 공지라곤 요 분 안에 놓인 땅 한 군데밖에는 없다고 좋아하였다. 그러나 두 다리를 뻗고 누워서 담배를 피우기에는 이 동글납작한 공지는 너무 좁다.

도회의 인심

도회의 인심이란 어느만큼이나 박해 가려는지 알 길이 없다.

이런 이야기를 들은 일이 있다.

상해에서는 기아를 —— 그것도 보통 죽은 것을 —— 흔히 쓰레기통에다 한다. 새벽이면 쓰레기 쳐 가는 인부가 와서는 휘파람을 불어 가며 쓰레기를 치는데 그는 이 흉악한 기아를 보고도 별반 놀라지 않을 뿐만 아니라 그 애총을 이리 비켜 놓고 저리 비켜 놓고 해서 쓰레기만 쳐 가지고 잠자코 돌아간다는 것이다. 요컨대 기아야 뭣이 그리 이상하랴. 다만 이것은 쓰레기는 아니니까 내가 쳐 가지 않을 따름 어떻게 되는걸 누가 알겠소 —— 이 뜻이다.

설마 —— 했지만 또 생각해 보면 있을 법도 한 일이다. 참 도회의 인심은 어느만큼이나 박하고 말려는지 종잡을 수가 없다.

이 '나가야' 로 이사온 지도 벌써 돌이 가까와 오나 보다. 같은 들보한 지붕 밑에 죽 —— 칸칸이 산다. 박 서방, 김씨, 이상, 최 주사, 이렇게 크고 작은 문패가 칸칸이 붙었다. 그러나 그들은 서로 사귀지 않는다. 그 중에도 직업은 서로 절대 비밀이다. 남편 혹은 나 같은 아내 없는 장성한 아들들은 앞문으로 드나든다. 그러나 아내 혹은 말 만한 누이동생들은 뒷문으로 드나든다. 남편은 아침 혹 낮에 나가면 대개 저녁 혹은 밤에나 들어온다.

그 날 아낙네들은 집에 있다. 저녁때가 되면 자연 쌀을 씻어야겠으니까 수도로 모여 든다. 모여 들면 남자들처럼 서로 꺼리고 기피하지 않고 곧잘 언어 노출증을 나타낸다. 그래서는 잠자코 있었으면 모를 이야기, 안해도 좋을 이야기, 흉아잡이 무릎맞춤이 시작되어서 가끔 여류 무용전을 만들기도 한다. 그리하여 힘써 감추는 남편씨의 직업도 탄로가 나고 해서 바깥양반의 자존심을 여지없이 분쇄하고 마는 것이다. 그러나 기압은 대체로 보아 무풍 상태다.

우리 집 변소 유리창에서 똑바로 보이는 제2열 나가야 ×호칸에 들은 젊은 세대는 작하* 이래 내외 싸움이 끊일 사이가 없더니 가을로 들어서자 추풍낙엽과 같이 남편이 남편직에서 떨어졌다. 부인은 ××카페 화형(인기 스타) 여급이라는 것이다. '메리 위도우'가 된 화형은 남편을 경질하기에는 환경의 이롭지 못함을 깨달았던지 떠나 버리고 그 칸은 빈 채다. 물론 이사를 하는 경우에도 이웃에 인사를 하는 수고스러운 미덕은 이 '나가야' 규정에 없다. 그 바로 이웃칸에 든 젊은이의 감상담에 의하면 앓던 이 빠진 것 같다고 ── 왜냐하면 그 풍기를 문란케 하는 종류의 레코드 소리를 안 듣게 되었다는 것이다. 그런자 또 그 이웃 아주 지방분이 잘 침착한 젊은이는 젖먹이를 잃어버렸다. 그와 동시에 그 죽은 아이 체중보다도 훨씬 더 많은 지방분도 깨끗이 잃어버렸다. 그러나 그 어린애를 위해서나, 애어머니 지방분을 위해서나 부의 한 푼 있을 리 없다. 나도 훨씬 뒤에야 알았으니까 ──.

날이 훨씬 추워지자 우리 바로 격장에 4남매로 조직된 가족이 떠나왔다. B전문학교 다니는 오빠가 한 쌍, W여고보에 다니는 매씨가 한 쌍 ── 매양 석각이면 혼성 4중창의 유행가가 우리 아버지 완고한 사상을 괴롭힌다 한다. 그렇건만 나는 한 번도 그 오빠들을 본 일이 없고

* 작하(昨夏) 지난 여름.

누이는 한 번도 그 매씨들과 말을 바꾸어 본 일이 없는 것이다.

정월에 반대편 이웃집에서 흰떡을 했다. 몇 가락 주겠지 했더니 과연 한 가락도 안 준다. 우리는 지짐이만 부쳤다. 좀 줄까 하다가 흰떡 한 가락 안 주는걸 뭘, 하고 혼자 먹었다. 4남매집은 원래 계산에 넣지 않은 이유가 그믐날 밤까지도 아무것도 부치지도 지지지도 않았기 때문이다. 그것은 전혀 흰떡과 지짐이를 그 이웃집에 기대하고 있는 수작이 아닌가 해서 미워서 그런 것이다. 물론 이것은 내 오해인지도 모르지만 ——.

해토하면서 막다른 칸에 든 젊은이가 본처에서 일약 첩으로 실격한 사건이 생겼다. 그러나 아무도 그 젊은이를 동정하지는 않고 그 남편이 배불뚝이라고 험담들만 실컷 하다 나자빠졌다. 그리고 우리 집에는 나날이 찾아오는 빚쟁이 수효가 늘어가기 시작이다. 그러다가 건물 회사에서 집달리*를 데리고 나와 세간 기명 등속에다 딱지를 붙이고 갔다. 집세가 너무 많이 밀렸다는 이유다. 이런 뒤법석이 일어난 것을 4남매는 모두 학교에 갔으니 알 길이 없고 이 쪽 이웃 역시 어느 장님이 눈을 떴누 하는 식이다. 차라리 나는 다행하다 생각하였다. 동네 방네가 죄다 알고 야단들을 치면 더 창피다.

"이료노라 ——"

"누굴 찾으시오"

"×씨 집이오?"

"아뇨!"

"그럼 어디요 ——."

"그걸 내가 아오"

하는 문답이 우리 집 문간에서 있나 보더니 아버지 말씀이 ——

"알아도 안 가르쳐 주는 게 옳다."

---

* **집달리**(執達吏) 재판의 집행, 법원이 발하는 문서의 송달 사무를 보는 직원.

"왜요?"

"아 빚쟁일시 분명하니 거 남못할 노릇 아니냐 ——."

하신다. 도회의 인심은 대체 얼마나 박하고 말려고 이러나?

골동벽

가령 신라나 고려적 사람들이 밥상에다 콩나물도 좀 담고 또 장조림도 담고 또 약주도 좀 딸고 해서 조석으로 올려 놓고 쓰던 식기 나부랭이가 분묘 등지에서 발굴되었다고 해서 떠들썩하나 대체 어쨌다는 일인지 알 수 없다. 그게 무엇이 그리 큰 일이며 사금파리 조각이 무엇이 그리 가치 높이 평가되어야 할 것이냐는 말이다. 황차 그렇지도 못한 이조 항아리 나부랭이를 가지고 어쩌니 하는 것들을 보면 알 수 없는 심사이다.

우리는 선조의 장한 일들을 잊어버려서는 못 쓴다. 그러나 오늘 눈으로 보아서 그리 값도 나가지 않는 것을 놓고 얼싸안고 혀로 핥고 하는 꼴은 진보한 '컷 글라스' 그릇 하나를 만들어 내는 부지런함에 비하여 그 태타의 극을 타기하고 싶다.

가끔 아는 이에게서 자랑을 받는다. 내 이조 항아리 좋은 것 우연히 싸게 샀으니 와 보시오 —— 다. 싸다는 그 값이 결코 싸지도 않을 뿐만 아니라 가 보면 대개는 아무 예술적 가치도 없는 타작인 경우가 많다. 그야 오늘 우리가 미쓰코시 백화점 식기부에서 살 수 없는 물건이니 볼 점이야 있겠지 —— 하지만 그 볼 점이라는 게 실로 하찮은 것이다.

항아리 나부랭이는 말할 것 없이 그 시대에 있어서 의식적으로 미술품으로 만들어진 것은 아니다. 간혹 꽤 미술적인 요소가 풍부히 섞인 것이 있기는 있으되 역시 여기 정도요 하다못해 꽃을 꽂으려는 실용이래도 실용을 목적으로 된 것임에 틀림없다. 이것이 오랜 세월을 지하에 파묻혔다가 시대도 풍속도 영 딴판인 세상인 눈에 뜨이니 위선 역설적으로 신기해서 얼른 보기에 교묘한 미술품 같아 보인다. 이것을 순수한 미술품으로 알고 왁자지껄들 하는 것은 가경할 무지다.

어느 박물관에서 허다한 점수의 출토품을 연대순으로 진열해 놓고 또 경향이며 여러 가지 분류 방법을 적확히 구별하여 일목요연토록 해 놓은 것을 구경하고 처음으로 그런 출토품의 아름다움과 가치 있음을 느꼈다.

결국 골동품의 가치는 그런 고고학적인 요구에서 생기는 것일 것이다. 겸하여 느끼는 아름다운 심정은 즉, 선조에 대한 그윽한 향수에서 오는 것이 아닐까. 역사라는 학문을 부정할 수는 없으리라. 어느 시대의 생활 양식, 민속 예술 등을 알고자 할 때에 비로소 골동품의 지위가 중대해지는 것이지, 그러니까 골동품은 골동품만을 모아 놓는 박물관과 병존하지 않고는 그 존재 이유가 소멸할 뿐 아니라 하등의 '구실'을 못한다. 같은 시대 것 같은 경향 것을 한데 모아 놓고 봄으로 해서 과연 구체적인 역사적인 지식을 얻을 수 있는 것이지 —— 그러니까 물론 많을수록 좋다 —— 그렇지 않고 외따로 떨어진 한 파편은 원인 '피테칸트로푸스'의 단 한 개의 골편처럼 너무 짐작을 세울 길이 빈곤하다. 그것을 항아리 한 개 접시 두 조각 해서 자기 침두에 늘어놓고 그 중에 좋은 것은 누가 알까봐 쉬쉬 숨기기까지 하는 당세 골동인 기질은 위선 아까 말한 고고학적 의의에서 가증한 일이요, 둘째 그 타기할 수전노적 사유관념이 밉다.

그러나 이 좋은 것을 쉬쉬 하는 패쯤은 양민이다. 전혀 5전에 사서 100원에 파는 것으로 큰 미덕을 삼는 골동가가 있으니 실로 경탄할 화폐제도의 혼란이다.

모씨는 하루 이런 이야기를 한다 ——.

요전에 샀던 것 깜박 속았어. 그러나 5원만 밑지고 겨우 다른 사람한테 넘겼지 큰일 날 뻔했는걸 —— 이다.

위조 골동품을 모르고 고가에 샀다가 그것이 위조라는 것을 알자 산

값에서 5원만 밑지고 딴 사람에게 팔아먹었다는 성공 미담이다.

재떨이로 쓸 수도 없다는 점에 있어서 위선 '제로'에 가까운 가치밖에 없는 한 개 접시를 위조하는 심사를 상상키 어렵거니와 그런 이매망량*이 이렇게 교묘하게 골동 세계를 유영하고 있거니 생각하면 소름이 끼칠 일이다. 누구는 수만 원의 명도를 샀다가 위조라는 것을 알고 눈물을 머금고 장사를 지내 버렸다 한다. 그러나 이 가짜 항아리 접시 나부랭이는 속은 사람이 또 속이고 또 속은 사람이 또 속이고 해서 잘 하면 몇 백 년도 견디리라 하면 그 동안에 선대에는 이런 위조 골동품이 있었담네 —— 하고 그것마저가 유서 깊은 골동품이 되고 말 것이다.

이런 타기할 괴취미밖에 가지지 않은 분들에게 위졸랑은 눈에 띄는 대로 때려 부수시오 —— 하고 권하기는커녕 골동품 —— 물론 이 경우에 순수한 미술품 말고 항아리 나부랭이를 말함 —— 은 고고학적 민속학적 요구에서 박물관에 기부하시오, 하고 권하면 권하는 이더러 천한 놈이라고 꾸지람을 하실 것이 뻔하다.

동심 행렬

아침 길이 똑——보통 학교 학동들 등교 시간하고 마주치는 고로 자연 허다한 어린이들을 보게 된다. 그네들의 일거수 일투족 눈 한 번 끔벅하는 것 말 한 마디가 모두 경이다. 경이인 것이 위선 자신이 그런 어린이들과 너무 멀고 또 제 몸이 책보를 끼는 생활을 그만둔 지 너무 오래고 또 학교 다니는 어린 동생들도 다 장성해서 집안이 그런 학동을 기르는 집안 분위기에서 퍽 멀어진 지가 오래되기 때문일 것이다. 그저 먼 꿈의 세계를 너무나 똑똑히 눈앞에 보는 것 같아서 가슴이 뿌듯할 적이 많다.

---

* 이매망량 어처구니없이 허무맹랑한 사람들을 얕잡아 이르는 말.

학동들은 7, 8세로부터 여남은 살까지 남녀가 뒤섞인 현란한 행렬이다. 이것도 엄격한 중고 교육을 받은 우리로는 경이다. 자전차가 멋 모르고 좁은 골목에 들어섰다가 혼이 난다. 암만 벨을 울려도 이 아침 거리의 폭군들은 길을 비켜 주지 않는다. 자전차는 하는 수 없이 하마를 하고 또 뭐라고 중얼거려도 보나 그런 것에 귀를 기울이는 사심이 없다. 저희끼리 이야기가 너무나 재미있어 견딜 수가 없는 것이다. 물론 누구하고 동무도 없고 행렬에도 끼기지 못하고 화제도 없는 인물은 골목 한편 인가 담벼락에 비켜 서서 이 화려한 행렬에 공손히 길을 비켜 주어야 한다.

우리는 구경도 못한 '란도셀'이란 것을 하나씩 짊어졌다. 그것도 부럽다. 그 속에는 우리는 한 번도 가지고 놀아 보지 못한 찬란한 그림책이 들었다. 12색 '크레용'도 들었다. 불란서 근대화파들보다도 훨씬 무서운 자유분방한 그들의 자유화를 기억한다. 우리는 일생을 통하여 기어코 완전한 거짓말 속에서 시종하라는 건가 보다. 우리는 이제 시작해서 저런 자유화 한 장을 그릴 수 있을까. '란도셀'이라는 것 속에는 하고 많은 보배가 들어 있다. 그러나 장난꾼이 든 '란도셀'이란 '란도셀'이 어쩌면 그렇게 모조리 해어져 떨어져서 헌털뱅인고.

단발이 부쩍 늘었다. 여남은 살 먹은 여학동 단발한 것은 깨끗하고 신선하고 7, 8세 여학동 단발한 것은 인형처럼 귀엽다.

남학동들은 일제히 양복이다. 양복에다가 보통학교 아동 이외에는 이행을 불허하는 경편 운동화들을 신었다. 그래서는 좁은 골목 넓은 길을 살과 같이 닫고 또 한 군데 한없이 머물러서는 장난한다. 이렇게 등교 시간 자체가 그네들에게는 황홀한 것이고 규정 이상의 과정인 것이다.

중에는 셋 혹 넷 무더기가 져서 걸어가면서 무슨 책인지 한 책에 집중되어 열중한다. 안경 쓴 학동이 드문드문 끼였다. 유리에 줄이 좍좍 간 것이 제법 근시들이다.

무에 저리 재밌을까——고 궁금해서 흘깃 좀 훔쳐 본다. 양홍 군청 등 현란한 극채색판의 소년 잡지다. 그림은 무슨 군함 등속인가 싶다. 그러나 글자는 그저 줄이 죽죽 가 보일 뿐이지 눈에 들어오지 않는다.

보통학교 학동이 안경을 썼다는 것은 사실 해괴망측한 일이다.

일인 것이 첫째 깜찍스럽다. 하도 앙증스럽고 해서 처음에는 웃고 그만두었으나 생각해 보면 웃고 말 일이 아니다. 근시는 무슨 절름발이나 벙어리 같은 유의 그야말로 불구자라곤 할 수 없으되 불구자는 불구자다. 세상에는 치레로 금테안경을 쓰는 못생긴 백성도 있기는 있으나 '오페라글라스' 비행사의 그 툭 불그러진 안경 이외에 안경은 없는 게 좋다. 그것을 저런 아직 나이 들지 않은 연골 어린이들에게까지 씌우지 않으면 안 된다는 세상은 그리 고맙지 않은 세상임에 틀림없다.

예는 여러 가지 원인이 있겠으나 현대의 고도화한 인쇄술에도 트집을 아니 잡을 수 없다. 과연 보통학교 교과서만은 활자의 제한이 붙어서 굵직굵직한 것이 괜찮다. 그만만 하면 선천적 근시안이 아닌 다음에는 활자 탓으로 눈을 옥지르거나 하는 일은 없을 것 같다.

그러나 학동들이 교과서만 주무르다 그만두느냐 하면 천만에, 위선, 참고서라는 것이 대개가 9포인트 활자로 되어 먹었다. 급기 소년 잡지 등속에 이르른즉슨 심지어 6포인트 7포인트 반을 사용하여 오히려 태연한 출판업자 —— 게다가 추악한 극채색을 덮어서 예의 학동들의 동공을 노리고 총공격의 자세를 일각도 게을리하지는 않는다.

아직도 안경 쓴 학동보다 안 쓴 학동의 수효가 더 많은 것으로 보아 한편 괴이도 하나 한편 아직 그들의 독서열이 40도에 이르지 않은 것을 차라리 다행히 생각하고 싶다. 누구에게라도 안경상을 추장하고 싶다. 오늘 같은 부덕한 활자 허무 시대에 가하여 불완전한 조명 장치밖에 없는 이 땅에 늘어갈 것은 근시안뿐일 터이니 말이다.

지도의 암실

기인동안잠자고짧은동안누웠던것이짧은동안잠자고기인동안누웠었
던그이다. 네시에누우면다섯여섯일곱여덟아홉그리고아홉시에서열시
까지리상 —— 나는리상이라는한우스운사람을아안다. 물론나는그에대
하여한쪽보려하는것이거니와 —— 은그에서그의하는일을떼어던지는
것이다. 태양이양지쪽처럼내려쬐는밤에비를퍼붓게하여그는레인코트
가없으면그것은어쩌나하여방을나선다.

이삼모각로도북정차장 좌황포차거빈빈(離三茅閣路到北停車場 坐黃布
車去彬彬)

어떤방에서그는손가락끝을걸린다. 손가락끝은질풍과같이지도위를
그었는데그는마않은은광을보았건만의지는걷는것을엄격케한다. 왜그
는평화를발견하였는지그에게묻지않고으레히K의바이블얼굴에그의눈
에서나온한조각만의보재기를한조각만덮고가버렸다.

옷도그는아니고그의하는일이라고그는옷에대한귀찮은감정의버릇을
늘하루에한번씩벗는것으로이렇지아니하냐, 누구에게도없이반문도하
며위로도하여가는것으로도보아안버린다.

친구를편애하는야속한고집이그의발간몸뚱이를친구에게그는그렇게
도쉽사리내어맡기면서어디친구가무슨짓을하기도하나보자는생각도않
는못난이라고도하기는하지만사실에그에게는그가그의발간몸뚱이를가
지고다니는무거운노역에서벗어나고싶어하는갈망이다.　시계도치려거
든칠것이다하는마음뿐으로는한시간만에세번을치고삼분이남은후에육십
삼분만에쳐도너할대로내버려두어버리는마음을먹어버리는관대한세월
은그에게이때에시작된다.

　암뿌으르에봉투를씌워서그감소된빛은어디로갔는가에대하여도그는
한번도생각하여본일은없이그는이러한준비와장소에대하여관대하니라
생각하여본일도없다면그는속히잠들지아니할까누구라도생각지는아마
않는다.　인류가아직만들지아니한글자가그자리에서이랬다저랬다하니
무슨암시이냐가무슨까닭에한번읽어지나가면그도무소용인글자의고정
된기술방법을채용하는흡족지않은버릇을쓰기를버리지않을까를그는생
각한다.　글자를제것처럼가지고그하나만이이랬다저랬다하면또생각하
는것은사람하나생각둘만글자셋넷다섯또다섯또또다섯또또또다섯그는
결국에시간이라는것의무서운힘을믿지아니할수는없다.　한번지나간것
이하나도쓸데없는것을알면서도하나를버리는묵은짓을그도역시거절치
않는지그는그에게물어보고싶지않다.　지금생각나는것이나지금가지는
글자가이따가가질것하나하나하나하나에서모두씩못쓸것인줄알았는데
왜지금가지느냐안가지면고만이지하여도벌써가져버렸구나벌써가져버
렸구나벌써가졌구나버렸구나또가졌구나.

　그는아파오는시간을입은사람이든지길이든지걸어버리고걷어차고싸
워대이고싶었다.　벗겨도옷벗겨도옷벗겨도옷벗겨도옷인다음에야걸어
도길걸어도길인다음에야한군데버티고서서물러나지만않고싸워대이기
만이라도하고싶었다.

　암뿌으르에불이확켜지는것은그가깨이는것과같다하면이렇다.　즉밝

은동안에불인지마안지하는얼마쯤이그의다섯시간뒤에흐리멍텅이달라
붙은한시간과같다하면이렇다즉그는봉투에싸여없어진지도모르는.암뿌
으르를보고침구속에반쯤강삶아진그의몸뚱이를보고봉투는침구다생각
한다봉투는옷이다침구와봉투와그는무엇을배웠느냐몸을내어다버리는
법과몸을주워들이는법과미닫이에광선잉크가암시적으로쓰는의미가그
는그의몸뚱이에불이확켜진것을알라는것이니까그는봉투를입는다침구
를입는것과침구를벗는것이다. 봉투는옷이고침구다음에그의몸뚱이가
뒤집어쓰는것으로닮는다. 발갛게암뿌으르에습기제하고젖는다. 받아서
는내어던지고집어서는내어버리는하루가불이들어왔다불이꺼지자시작
된다. 역시그렇구나오늘은캘린더의붉은빛이내어배였다고그렇게캘린
더를만드는사람이나떼이고간사람이나가마련하여놓은것을그는위반할
수가없다. K는그의방의캘린더의빛이K의방의캘린더의빛과일치하는것
을좋아하는선량한사람이니까붉은빛에대하여겸하여그에게경고하였느
냐그는몹시생각한다. 일요일의붉은빛은월요일의흰빛이있을때에못쓰
게된것이지만지금은가장쓰이는것이로구나확실치아니한두자리의숫자
가서로맞붙들고그가웃는것을보고웃는것을흉내내어웃는다. 그는캘린
더에게지지는않는다. 그는대단히넓은웃음과대단히좁은웃음을운반에
요하는시간을초인적으로가장짧게하여웃어버려보여줄수있었다.

　인사는유쾌한것이라고하여그는게으르지않다. 늘투스부러시는그의
이사이로와보고물이얼굴그중에도뺨을건드려본다. 그는변소에서가장
먼나라의호외를가장가깝게보며그는그동안에편안히서술한다. 지난것
은버려야한다고거울에열린들창에서그는리상 —— 이상히이이름은그
의그것과똑같거니와 —— 을만났다. 리상은그와똑같이운동복의준비를
차렸는데다만리상은그와달라서아무것도하지않는다면리상은어디가서
하루종일있단말이오하고싶어한다.

　그는그책임의무체육선생리상을만나면곧경의를표하여그의얼굴을리

상의얼굴에다문질러주느라고그는수건을쓴다. 그는리상의가는곳에서 하는일까지를묻지는않았다. 섭섭한글자가하나씩하나씩섰다가쓰러지 기위하여나암는다.

이상나아거이차고심마(你上那兒去而且做甚麼)

슬픈먼지가옷에옷을입혀가는것을못하여나가게그는얼른얼른쫓아버 려서퍽다행하였다.

그는에로시엥코를읽어도좋다. 그러나그는본다. 왜나를못보는눈을가 졌느냐차라리본다. 먹은조반은그의식도를거쳐서바로에로시엥코의뇌 수로들어서서소화가되든지안되든지밀려나가던버릇으로가만가만히시 간관념을그래도아니어기면서앞선다. 그는그의조반을남의뇌에떠맡기 는것은견딜수없다고견디지않아버리기로한다음곧견디지않는다. 그는 찾을것을곧찾고도무엇을찾았는지알지않는다.

태양은제온도에도조을릴것이다. 쏟아뜨릴것이다. 사람은딱정버러지 처럼뛸것이다. 따뜻할것이다. 넘어질것이다. 새까만핏조각이뗑그렁소 리를내이며떨어져깨어질것이다. 땅위에늘어붙을것이다. 내음새가날것 이다. 굳을것이다. 사람은피부에검은빛으로도금을올릴것이다. 사람은 부딪칠것이다. 소리가날것이다.

사원에서종소리가걸어올것이다. 오다가여기서놀고갈것이다. 놀다가 지아니할것이다.

그는여러가지줄을잡아다니라고그래서성났을때내어거는표정을장만 하라고그래서그는그렇게해받았다. 몸뚱이는성나지아니하고얼굴만성 나자그는얼굴속도성나지아니하고살껍데기만성나자그는남의모가지를 얻어다붙인것같아꽤제멋적었으나그는그래도그것을앞세워내세우기로 하였다.

그렇게하지아니하면아니되게다른것들즉나무사람옷심지어K까지도 그를놀리려드는것이니까그는그와관계없는나무사람옷심지어K를찾으

러나가는것이다. 사실바나나의나무와스케이팅여자와스커트와교회에
가고마안K는그에게관계없었기때문에그렇게되는자리로그는그를옮겨
놓아보고싶은마음이다. 그는K에게외투를얻어그대로돌아서서입었다.
뿌듯이쾌감이어깨에서잔등으로걸쳐있어서비키지않는다. 이상하구나
한다.

그의뒤는그의천문학이다. 이렇게작정되어버린채그는볕에가까운산
위에서태양이보내는몇줄의볕을압정으로꼭꼭꽂아놓고그앞에앉아그는놀
고있었다. 모래가많다. 그것은모두풀이었다. 그의산은평지보다낮은곳
에처어져서그뿐만아니라움푹오무러들어있었다. 그가요술가라고하자
별들이구경을온다고하자. 오리온의좌석은조기라고하자. 두고보자. 사
실그의생활이그로하여금움직이게하는짓들의여러가지라도는무슨몹쓸
흉내이거나별들에게나구경시킬요술이거나이지이쪽으로오지않는다.

너무나의미를잃어버린그와그의하는일들을사람들사는사람들틈에서
공개하기는끔찍끔찍한일이니까그는피난왔다. 이곳에있다. 그는고독하
였다. 세상어느틈사구니에서라도그와관계없이나마세상에관계없는짓
을하는이가있어서자꾸만자꾸만의미없는일을하고있어주었으면그는생
각아니할수는없었다.

JARDIN ZOOLOGIQUE

CETTE DAME EST-ELLE LA FEMME DE

MONSIEUR LICHAN?

앵무새당신은이렇게지껄이면좋을것을그때에나는OUI!라고그러면
좋지않겠습니까그렇게그는생각한다.

원숭이와절교한다. 원숭이는그를흉내내이고그는원숭이를흉내내이
고흉내가흉내를흉내내이는것을흉내내이는것을흉내내이는것을흉내내
이는것을흉내내인다. 견디지못한바쁨이있어서그는원숭이를보지않았
으나이리로와버렸으나원숭이도그를아니보며저기있어버렸을것을생각

하면가슴이터지는것과같았다. 원숭이자네는사람을흉내내이는버릇을
타고난것을자꾸사람에게도그모양대로되라고하는가참지못하여그렇게
하면자네는또하라고참지못해서그대로하면자네는또하라고그대로하면
또하라고그대로하면또하라고그대로하여도그대로하여도하여도또하라
고하라고그는원숭이가나에게무엇이고시키고흉내내이고간에이것이고
만이다. 딱마음을굳게먹었다. 그는원숭이가진화하여사람이되었다는데
대하여결코믿고싶지않았을뿐만아니라같은에호바의손에된것이라고도
믿고싶지않았으나그의?

그의의미는대체어디서나오는가. 머언것같아서불러오기어려울것같
다. 혼자사아는것이가장혼자사아는것이되리라하는마음은낙타를타고
싶어하게하면사막너머를생각하면그곳에좋은곳이친구처럼있으리라생
각하게한다. 낙타를타면그는간다. 그는낙타를죽이리라. 시간은그곳에
아니오리라왔다가도도로가리라그는생각한다. 그는트렁크와같은낙타
를좋아하였다. 백지를먹는다. 지폐를먹는다. 무엇이라고적어서무엇을
주문하는지어떤여자에게의답장이여자의손이포스트앞에서하듯이봉투
째먹힌다. 낙타는그런음란한편지를먹지말았으면먹으면괴로움이몸의
살을마르게하리라는것을낙타는모르니하는수없다는것을생각한그는연
필로백지에그것을얼른배앝아놓으라는편지를써서먹이고싶었으나낙타
는괴로움을모른다.

정오의사이렌이호스와같이뻗쳐뻗으면그런고집을사원의종이땅땅때
린다. 그는튀어오르는고무볼과같은종소리가아무데나함부로헤어져떨
어지는것을보아갔다. 마지막에는어떤언덕에서종소리와사이렌이한데
젖어서미끄러져내려떨어져한데쏟아져쌓였다가확헤어졌다. 그는시골
사람처럼서서끝난뒤를끝까지구경하고있다. 그때그는.

풀잎위에누워서봄내음새나는졸음을주판에다놓고앉아있었다. 하나
둘셋넷다섯여섯일곱여덟일곱여섯일곱여섯다섯넷다섯여섯일곱여덟아

홉여덟아홉여덟아홉잠은턱밑에서눈으로들어가지않는것을그는그의눈으로물끄러미바라다보면졸음은벌써그의눈알맹이에회색그림자를던지고있으나등에서비치는햇볕이너무따뜻하여그런지잠은번쩍번쩍한다. 왜잠이아니오느냐자나안자나마찬가지인바에야안자도좋지만안자도좋지만그래도자는것이나았다고하여도생각하는것이있으니있다면그는왜이런앵무새의외국어를듣느냐원숭이를가게하느냐낙타를오라고하느냐받으면내어버려야할것들을받아가지노라고머리를괴롭혀서는안되겠다. 마음을몹시상케하느냐이런것인데이것이나마생각아니하였으면그나마나을것을구태여생각하여본댔자이따가는소용없을것을왜씨근씨근몸을달리노라고얼굴과수족을달려가면서생각하느니잠을자지잔댔자아니다. 잠을자야하느니라생각까지하여놓았는데도잠은죽어라고이쪽으로자그만큼만더왔으면되겠다는데도더아니와서아니자기만하려들어아니잔다아니잔다면.

　차라리길을걸어서살내어보이는스커트를보아서의미를찾지못하여놓고아무것도아니느끼는것을하는것이차라리나으니라그렇지만어디그렇게번번히있나그는생각한다.　버스는여섯자에서조곰우우를떠서다니면좋다.　많은사람이탄버스가많은걸어가는이많은사람의머리위를지나가면퍽관계가없어서편하리라생각하여도편하다.　잔등이무거워들어온다. 죽음이그에게왔다고그는놀라지않아본다.　죽음이묵직한것이라면나머지얼마안되는시간은죽음이하자는대로하게내버려두어일생에없던가장위생적인시간을향락하여보는편이그를위생적이게하여주겠다고그는생각하다가그러면그는죽음에견디는세음이냐못그러는세음인것을자세히알아내이기어려워괴로워한다.　죽음은평행사변형의법칙으로보일샤를의법칙으로그는앞으로앞으로걸어가는데도왔다떼밀어준다.

　활호동시사호동 사호동시활호동(活胡同是死胡同 死胡同是活胡同)

　그때에그의잔등외투속에서.

양복저고리가하나떨어졌다. 동시에그의눈도그의입도그의염통도그의뇌수도그의손가락도외투도잠방이도모두어얼려떨어졌다. 남은것이라고는단추넥타이한리틀의탄산와사부스러기였다. 그러면그곳에서있는것은무엇이었더냐하여도위치뿐인폐허에지나지않는다. 그는그런다. 이곳에서흩어진채모든것을다끝을내어버려버릴까이런충동이땅위에떨어진팔에어떤경향과방향을지시하고그러기시작하여버리는것이다. 그는무서움이일시에치밀어서성내인얼굴의성내인성내인것들을헤치고획앞으로나선다. 무서운간판저어뒤에서기우웃이이쪽을내어다보는틈틈이들여다보이는성내었던것들의싹뚝싹뚝된모양이그에게는한없이가엾어보여서이번에는그러면가엾다는데대하여가장적당하다고생각하는것은무엇이니무엇을내어걸까그는생각하여보고그렇게한참보다가웃음으로하기로작정한그는그도모르게얼른그만웃어버려서그는다시거둬들이기어려웠다. 앞으로나선웃음은화석과같이화려하였다.

소파노

시가지한복판에이번에새로생긴무덤위로딱정버러지에묻은각국웃음이헤뜨려떨어뜨려져모여들었다. 그는무덤속에서다시한번죽어버리려고죽으면그래도또한번은더죽어야하게되고하여서또죽으면또죽어야되고또죽어도또죽어야되고하여서그는힘들여한번몹시죽어보아도마찬가지지만그래도그는여러번여러번죽어보았으나결국마찬가지에서끝나는끝나지않는것이었다. 하느님은그를내어버려두십니까그래하느님은죽고나서또죽게내어버려두십니까그래그는그의무덤을어떻게치울까생각하던끄트머리에그는그의잔등속에서떨어져나온근거없는저고리에그의무덤파편을주섬주섬싸끌어모아가지고터벅터벅걸어가보기로작정하여놓고그렇게하여도하느님은가만히있나를또그다음에는가만히있다면어

떻게되고가만히있지않다면어떻게할작정인가그것을차례차례보아내려
가기로하였다.

　　K는그에게빌려주었던저고리를입은다음서양시가레트처럼극장으로
몰려갔다고그는본다. K의저고리는풍기취체탐정처럼.

　　그에게무덤을경험케하였을뿐인가장간단한불변색이다.　그것은어디
를가더라도까마귀처럼트릭을웃을것을생각하는그는그의모자를벗어땅
위에놓고그가만히있는모자가가만히있는틈을타서그의구둣바닥으로힘
껏내려밟아보아버리고싶은마음이종아리살뼈까지내려갔건만그곳에서
장엄히도승천하여버렸다.

　　남아있는박명의영혼고독한저고리의폐허를위한완전한보상그의영적
산술그는저고리를입고길을길로나섰다.　그것은마치저고리를안입은것
과같은조건의특별한사건이다.　그는비장한마음을가지기로하고길을그
길대로생각끝에생각을겨우겨우이어가면서걸었다.　밤이그에게그가갈
만한길을잘내어주지아니하는협착한속을 ―― 그는밤은낮보다뺙뺙하
거나밤은낮보다되애다랗거나밤은낮보다좁거나하다고늘생각하여왔지
만그래도그에게는별일별로없어좋았거니와 ―― 그는엄격히걸으면서
도유기된그의기억을안고초조히그의뒤를따르는저고리의영혼의소박한
자태에그는그의옷깃을여기저기적시어건설되지도항해되지도않는한성
질없는지도를그려서가지고다니는줄그도모르는채밤은밤을밀고밤은밤
에게밀리우고하여그는밤의밀집부대의속으로속으로점점깊이들어가는
모험을모험인줄도모르고모험하고있는것같은것은그에게있어아무것도
아닌그의방정식행동은그로말미암아집행되어나가고있었다그렇지만.

　　그는왜버려야할것을버리는것을버리지않고서버리지못하느냐어디까
지라도괴로움이었음에변동은없었구나그는그의행렬의마지막의한사람
의위치가끝난다음에지긋지긋이생각하여보는것을할줄모르는그는그가
아닌그이지그는생각한다.　그는피곤한다리를이끌어붑이던지는불을밟

아가며불로가까이가보려고불을자꾸만밟았다.

아시이수설몰급득삼야아시삼(我是二雖設沒給得三也我是三)

그런바에야그는가자고그래서스커트밑에번쩍이는조그만메달에의미없는베에제를붙인다음그자리에서있음직이있으려하던의미까지도잊어버려보자는것이그가그의의미를잊어버리는경과까지도잘잊어버리는것이되고마는것이라고생각하게되는그는그렇게생각하게되자그렇게하여지게그를그런대로내어던져버렸다. 심상치아니한음향이우뚝섰던공기를몇개넘어뜨렸는데도불구하고심상치는않는길이어야만할것이급기해하여는심상하고말은것은심상치않은일이지만그일에이르러서는심상해도좋다고그래도좋으니까아무래도좋게되니까아무렇다하여도좋다고그는생각하여버리고말았다.

LOVE PARRADE

그는답보를계속하였는데페이브먼트는후울훌날으는초콜릿처럼훌훌날아서그의구둣바닥밑을미끄러이쓱쓱빠져나가고있는것이그로하여금더욱더욱답보를시키게한원인이라면그것도원인의하나가될수도있겠지만그원인의대부분은음악적효과에있다고아니볼수없다고단정하여버릴만치이날밤의그는음악에적지아니한편애를가지고있지않을수없을만치안개속에서라이트는스포츠를하고스포츠는그에게있어서는마술에가까운기술로밖에는아니보이는것이었다.

도어가그를무서워하며뒤로물러서는거의동시에무거운저기압으로흐르는고기압의기류를이용하여그는그레스토랑으로넘어졌다하여도좋고그의몸을게다가내어버렸다틀어박았다하여도좋을만치그는그의몸뚱이의향방에대하여아무러한설계도하여놓지는아니한행동을직접행동과행동이가지는결정되어있는운명에내어맡겨버리고말았다. 그는너무나돌연적인탓에그에게서빠아져벗어져서엎질러졌다. 그는이것은이결과는그가받아서는내어던지는그의하는일의무의미에서도제외되는것으로사

사오입이하에쓸어내었다.

그의사고력을그는도막도막내어놓고난다음에는그사고력은그가도막
도막내인것은아니게되어버린다음에그는슬그머니없어지고단편들이춤
을한개씩만추고그가물러가있음직이생각키는데로차례차례로아니로물
러가버리니까그의지껄이는것은점점깊이를잃어버려지게되니무미건조
한그의한가지씩의곡예에경청하는하나도물론없을것이었지만있었으나
그러나K는그의새빨갛게찢어진얼굴을보고곧나가버렸으니까다른사람
하나가있다. 그가늘산보를가면그곳에는커다란바윗돌이돌연히있으면
그는늘그곳에기대이는버릇인것처럼그는한여자를늘찾는데그여자는참
으로위치를변하지아니하고있으니까그는곧기대인다. 오늘은나도화나
는일이썩많은데그도화가났습니까하고물으면그는그렇다고대답하기전
에그러냐고한번물어보는듯이눈을여자에게로흘깃떠보았다가고개를끄
떡끄떡하면여자도곧또고개를끄떡끄떡하지만그의미는퍽다른줄을알아
도좋고몰라도좋지만그는아알지않는다. 오늘모두놀러갔다가오는사람
들뿐이퍽많던데그도놀러갔었더랍니까하고여자는그의쪽들어간뺨을쓱
씻겨쓰다듬어주면서물어보면그래도그는그렇다고그래버린다. 술을먹
는것은그의눈에는수은을먹는것과같이밖에는아니보이게아파보이기시
작한지는퍽오래되었는데물론그러니까그렇지만그는술을먹지아니하며
커피를마신다. 여자는싫다는소리를한번도하지아니하고술을마시면얼
굴에있는눈가가대단히벌개지면여자의눈은대단히성질이달라지면마음
은사자와같이사나워져가는것을그가가만히지키고앉아있노라면여자는
그에게별짓을다하여도그는변하려는얼굴의표정의멱살을꽉붙들고다시
는놓지않으니까여자는성이나서이빨로입술을꽉깨물어서피를내이고축
음기와같은국어로그에게향하여가느다랗고길게막퍼부어도그에게는아
무렇지도않다. 여자는우운다. 누가그여자에게그렇게하는버릇이여자에
게붙어있는줄여자는모르는지그가여자의검은꽂꽂힌머리를가만히쓰다

듣어주면너는고생이자심하냐는말을으레히하는것이라. 그렇게그도한
줄알고여자는그렇다고고개를테이블위에엎드려올려놓은채좌우로조금
흔드는것은그렇지않다는말은아니고상하로흔들수는없는까닭인증거는
여자는곧눈물이글썽글썽한얼굴을들어그에게로주면서팔뚝을훌훌걷으
면서자아보십시오. 이렇게마르지않았습니까하고암만내어밀어도그에
게는얼마큼에서얼마큼이나말랐는지도무지알수가없어서그렇겠다고그
저간단히건드려만두면분한듯이여자는막운다.

아까까지도그는저고리를이상히입었었지만지금은벌써그는저고리를
입은평상시를걷는그이고말아버리게되어서길을걷는다. 무시무시한하
루의하루가차츰차츰끝나들어가는구나하는어둡고도가벼운생각이그의
머리에씌운모자를쓰면벗기고쓰면벗기고하는것과같이간질간질상쾌한
것이었다. 조금가만히있으라고암뿌으르의씌워진채로있는봉투를벗겨
놓은다음책상위에있는여러가지책을하나씩둘씩셋씩넷씩트럼프를섞을
때와같이섞기시작하는것은무엇을찾기위하여섞은것을차곡차곡추리는
것이그렇게보이는것이지만얼른나오지않는다. 시계는여덟시불빛이방
안에화안하여도시계는친다든가간다든가하는버릇을조곰도변하지는아
니하니까이때부터쯤그의하는일을시작하면서저녁밥의소화에는그다지
큰지장이없으리라생각하는까닭은그는결코음식물의완전한소화를바라
는것은아니고대개웬만하면그저그대로잊어버리고내어버려두리라하는
그의음식물에대한관념이다.

백지와색연필을들고덧문을열고문하나를연다음또문하나를연다음또
열고또열고또열고또열고인제는어지간히들어왔구나생각되는때쯤하여
서그는백지위에다색연필을세워놓고무인지경에서그만이하다가그만두
는아름다운복잡한기술을시작하니그에게는가장넓은이벌판이밝은밤이
어서가장좁고갑갑한것인것같은것은완전히잊어버릴수있는것이다. 나
날이이렇게들어갈수있는데까지들어갈수있는한도는점점늘어가니그가

들어갔다가는언제든지처음있었던자리로도로나올수는염려없이있다고
믿고있지만차츰차츰그렇지도않은것은그가알면서도그는그러지는않을
것이니까그는확실히모르는것이다.

　이런때에여자가와도좋은때는그의손에서피곤한연기가무럭무럭기어
오르는때이다.　그여자는그고생이자심하여서말랐다는넓적한손바닥으
로그를뚜덕뚜덕두드려주어서잠자라고하지만그는여자는가도좋다오지
않아도좋다고생각하는것이지만이렇게가끔정말좀와주었으면생각도한
다.　그가만일여자의뒤로가서바지를걷고서면그는있는지없는지모르게
되어버릴만큼화가나서말랐다는여자는넓적한체격을그는여자뿐아니라
아무에게서도싫어하는것이다.　넷 —— 하나둘셋넷이렇게그거추장스러
이굴지말고산뜻이넷만쳤으면여북좋을까생각하여도시계는그러지않으
니아무리하여도하나둘셋은내어버릴것이니까인생도이럭저럭하다가그
만일것인데낯모를여인에게웃음까지산저고리의지저분한경력도흐지부
지다스러질것을이렇게마음조릴것이아니라암뿌르에봉투씌우고옷벗
고몸뚱이는침구에떼내어맡기면얼마나모든것을다잊을수있어편할까하
고그는잔다.

지팡이 역사

아침에 깨이기는 일찍 깨었다는 증거로 닭 우는 소리를 들었는데 또 생각하면 여관으로 돌아오기를 닭이 울기 시작한 후에 —— 참 또 생각하면 그 밤중에 달도 없고 한 시골길을 닷 마장이나 되는 읍내에서 어떻게 걸어서 돌아왔는지 술을 먹어서 하나도 생각이 안 나지만 둘이 걸어오면서 S가 코를 곤 것은 기억합니다. 여관 주인 아주머니가 아주 듣기 싫은 여자 목소리로 '김상! 오정이 지났는데 무슨 잠이요 어서 일어나요.' 그러는 바람에 일어나 보니까 잠은 한잠도 못 잔 것 같은데 시계를 보니까 아홉 시 반이니까 오정이란 말은 여관 주인 아주머니 에누리가 틀림없습니다. 곁에서 자던 S는 벌써 담배로 꽁다리 네 개를 만들어 놓고 어디로 나갔는지 없고, 내가 늘 흉보는 S의 인생관을 꾸려 넣어 가지고 다니는 것 같은 참 궁상스러운 가방이 쭈굴쭈굴하게 놓여 있고, 그 속에는 S의 저서가 들어 있을 것이 분명합니다. 양말을 신지 않은 채로 구두를 신었더니 좀 못박힌 모서리가 아파서 안 되었길래 다시 양말을 신고 구두를 신고 툇마루에 걸터앉아서 S가 어데로 갔나 하고 생

각하고 있으려니까 건너편 방에서 묵고 있는 참 뚱뚱한 사람이 나를 자꾸 보길래 좀 계면쩍어서 문 밖으로 나갔더니 문 앞에 늑대같이 생긴 시골뜨기 개 두 마리가 나를 번갈아 흘낏흘낏 쳐다 보길래 그것도 싫어서 도로 툇마루로 오니까 그 뚱뚱한 사람은 부처님처럼 아까 앉았던 고대로 앉은 채 또 나를 보길래 참 별사람도 다 많군 왜 내 얼굴에 무에 묻었나 그런 생각에 또 대문간으로 나가니까 그 때야 S가 어슬렁어슬렁 이리로 오면서 내 얼굴을 보더니 공연히 싱글벙글 웃길래 나는 또 나대로 공연히 한 번 싱글벙글 웃었습니다. 대체 어디를 갔다 왔느냐고 그랬더니 참 새벽에 일어나서 수십 리 길을 걸었는데 그것도 모르고 여태 잤느냐고 나더러 게으른 사람이라고 그러길래 대체 어디어디를 갔다 왔는지 일러바쳐 보라고 그랬더니 문무정에 가서 영감님하고 기생이 활 쏘는 것을 맨 처음에 보고 —— 그래서 나는 무슨 기생이 새벽부터 활을 쏘느냐고 그랬더니 그 대답은 아니하고 또 문회서원에 가서 팔선생의 사당을 보고 기운정에 가서 약물을 먹고 오는 길이라고 그러길래 내가 가만히 쳐다보니까 참 수십 리 길에 틀림은 없지만 그게 원 정말인지 곧이들리지는 않는다고 그랬더니 '에하가키*!' 를 내어놓으면서 저 건너 천일각 식당에 가서 커피를 한 잔 먹고 있으니까 탐승 비용은 십 전이라고 그러길래 나는 내가 이렇게 싱겁게 S에게 속은 것은 잠이 덜 깨었거나 잠이 모자라는 까닭이라고 그랬더니 참 그렇다고 나도 잠이 모자라서 죽겠다고 S는 그랬습니다.

　밥상이 들어왔습니다. 반찬이 열 가지나 되는데 풋고추로 만든 것이 다섯 가지 —— 내 마음에 꼭 들었습니다. 여관 주인 아주머니가 오더니 찬은 없지만 많이 먹으라고 그러길래 그 집 밥상이 찬이 없으면 찬 있는 밥상은 그럼 찬을 몇 가지나 놓아야 되느냐고 그랬더니 가짓수는

---

* 에하가키 '그림 엽서'의 일본말.

많지만 입에 맞지 않을 것이라고 그러면서 그래도 여전히 많이 먹으라고 그러길래 아주머니는 공연히 천만에 말씀이라고 그랬더니 그렇지만 쇠고기만은 서울서 얻어먹기 어려운 것이라고 그러길래 서울서도 쇠고기는 팔아도 경찰서에서 꾸지람하지 않는다고 그랬더니 그런 게 아니라 송아지 고기가 어디 있겠느냐고 그럽니다. 나는 상에 놓인 송아지 고기를 다 먹은 뒤에 냉수를 청하였더니 아주머니가 손수 가져오는지라 죄송스럽다고 그러니까 이 냉수 한 지게에 오 전 하는 줄은 김상이 서울 살아도 —— 서울 사니까 모르리라고 그러길래 그것은 또 어째서 그렇게 냉수가 값이 비싸냐고 그랬더니 이 온천 일대가 어디를 파든지 펄펄 끓는 물밖에는 안 솟는 하느님한테 죄받은 땅이 되어서 냉수가 먹고 싶으면 보통 같으면 거저 주는 온천 물은 듬뿍 길어다가 잘 식혀서 냉수를 만들어서 먹을 것이로되 유황 냄새가 몹시 나는 고로 서울서 수돗물만 홀짝홀짝 마시고 살아 오던 손님들이 딱 질색들을 하는 고로 부득이 지게를 지고 한 마장이나 넘는 정거장까지 냉수를 한 지게에 오 전씩 주고 사서 길어다 먹는데 너무 거리가 멀어서 물통이 좀 새든지 하면 오 전어치를 사도 이 전어치밖에 못 얻어먹으니 셈을 따지고 보면 이 냉수는 한 대접에 일 전씩은 받아야 경우가 옳은 것이 아니냐고 아주머니는 그러는지라 그것 참 수고가 많으시다고 그럼 이 냉수는 특별히 조심조심하여서 마시겠다고 그랬더니 그렇지만 냉수는 얼마든지 거저 드릴 것이니 염려말고 꿀떡꿀떡 먹으라고 그러는 말을 듣고서야 S와 둘이 비로소 마음놓고 벌덕벌덕 먹었습니다.

발동기 소리가 왼종일 밤새도록 탕탕탕탕 하는 것이 헐 일 없이 항구에 온 것 같은 기분이 난다고 S가 그러는데 알고 보니까 그게 바로 한 지게에 오 전씩 하는 질기고 튼튼한 냉수를 길어 올리는 '펌프 모터' 소리인 줄 누가 알았겠습니까.

밥 값을 치르려고 얼마냐고 그러니까 엊저녁을 안 먹었으니까 70전씩 일 원 사십 전만 내라고 그러는지라 일 원짜리 두 장을 주니까 거스를 돈이 없는데 나가서 다른 집에 가서 바꾸어 가지고 오겠다고 그러는 것을 말리면서 그만두라고 그만두고 나머지는 아주머니 왜떡을 사 먹으라고 그러고 나서 생각을 하니까 아주머니더러 왜떡을 사 먹으라는 것도 좀 우습기도 하고 하지만 또 돈 육십 전을 가지고 '파라솔'을 사 가지라고 그럴 수도 없고 말인즉 잘한 말이라고 생각하고 나니까 생각나는 것이 주인 아주머니에게는 슬하에 일점 혈육으로 귀여운 따님이 한 분 계신데 나이는 세 살입니다. 깜박 잊어버리고 따님 왜떡을 사 주라고 그렇게 가르쳐 주지 못한 것은 퍽 유감입니다. 주인 영감을 못 보고 가는 것 같은데 섭섭하다고 그러면서 주인 영감은 어디를 이렇게 볼일을 보러 갔느냐고 그러니까 '세루' 양복을 입고 '넥타이'를 매고 읍내에 들어갔다고 아주머니는 그러길래 나는 안녕히 계시라고 인사를 하고 곧 두 사람은 정거장으로 나갔습니다.

대체로 이 황해선이라는 철도의 '레일' 폭은 너무 좁아서 똑 '트럭 레일' 폭만한 것이 참 앙증스럽습니다. 그리로 굴러다니는 기차 그 기차를 끌고 다니는 기관차야말로 가엾어 눈물이 날 지경입니다. 그야말로 사람이 치이면 사람이 다칠는지 기관차가 다칠는지 참 알 수 없을 만치 귀엽고도 갸륵한 데다가 그래도 '크롯싱'에 오면 말뚝에다가 간판을 써서 가로되 '기차에 조심' 그것을 읽은 다음에 나는 S더러 농담으로 그 간판을 사람에서 보이는 쪽에는 '기차에 조심' 그렇게 쓰고 기차에서 보이는 쪽에는 '사람에 조심' 그렇게 따로따로 썼으면 여러 가지 의미로 보아 좋겠다고 그래 보았더니 뜻밖에 S도 찬성하였습니다. S의 그 인생관을 집어 넣어 가지고 다니는 가방은 캡을 쓴 여관 심부름꾼 녀석이 들고 벌써 '플랫폼'에 들어서서 저 쪽 기차가 올 쪽을 열심으로 바라보고 섰는지라 시간은 좀 남았는데 혹 그 '갸쿠히키*' 녀석이 그 가방 속에 든 인생관을 건드리지나 않을까 겁이 나서 얼른 그 가방을 이리 빼앗으려고 얼른 우리도 개찰을 통과하여서 '플랫폼'으로 가는데 여관 '보이'나 '갸쿠히키'나 호텔 자동차 운전수들은 일 년간 입장권을 한꺼번에 샀는지 모르지만 함부로 드나드는데 다른 사람은 전송을 하러 '플랫폼'에 들어가자면 입장권을 사야 된다고 역부가 강경하게 막는지라 그럼 입장권은 값이 얼마냐고 그랬더니 십 전이라고 그것 참 비싸다고 그랬더니 역부가 힐끗 십 전이 무엇이 호되어서 그러느냐는 눈으로 그 사람을 보니까 그 사람은 그만 십 전이 아까워서 그 사람의 친한 사람의 전송을 '플랫폼'에서 하는 것만은 중지하는 모양입니다. 장난감 같은 '시그널'이 떨어지더니 갸륵한 기관차가 연기를 제법 펄석펄석 뿜으면서 기적도 쓱 한번 울려 보면서 들어옵니다. 금테를 둘이나 두른 월급을 많이 타는 높은 역장과 금테를 하나밖에 아니 두른 월급을 좀 적게 타는 조역이 나와 섰다가 그 으레 주고받고 하는 굴렁쇠를 이 얌전하게 생긴 기차도 역시 주고받는지라 하도 어줍지 않아서 S와 나와는 그래도 이 기차를 타기는 타야 하겠지만도 원체 겁도 나고 가엾기도 하여서 몸뚱이가 조그마해지는 것 같아서 간질이는 것처럼 남 보기에는 좀 쳐다보일 만치 웃었습니다. 종이 울리고 호루라기가 불리고 하는 체는 다 하느라고 기적이 쓱 한번 울리고 기관차에서 픽 — 소리가 났습니다. 기차가 떠납니다. 십 전이 아까워서 '플랫폼'에 들어오지 아니한 맥고자를 쓴 사람이 누구를 향하여 그러는지 쭈굴쭈굴한 정하지도 못한 손수건을 흔드는 것이 보였습니다. 칙칙푹팍 칙칙푹팍 그러면서 징검다리로도 넉넉한 개천에 놓인 철교를 건너갈 때 같은 데는 제법 흡사하게 기차는 소리를 내일 줄 아는 것이 아닙니까.

그 불쌍한 기차가 객차를 세 채나 끌고 왔습니다. S와의 우리 두 사람이 탄 객차는 맨 꼴째 객차인데 그 객차의 안에 멤버는 다음과 같습

* **갸쿠히키** '유객군'의 일본말.

니다. 물론 정말 기차처럼 '박스'가 있을 수 없는 것이니까 똑 전차처럼 가로 기다랗게 나란히 앉는 것입니다. 위선 내외가 두 쌍인데 썩 젊은 사람이 썩 젊은 부인을 거느리고 부인은 새빨간 '핸드백'을 들었는데 바깥 양반은 구두가 좀 헤어졌습니다. 또 하나는 늙수그레한 사람이 썩 젊은 부인을 데리고 부인은 뿔로 만든 값이 많아 보이는 부채 하나를 들었을 뿐인데 바깥 어른은 뚱뚱한 '트렁크'를 하나 끙끙 매여 가면서 들고 들어왔습니다. 그 '트렁크' 속에는 무엇이 들었는지 도무지 알 수 없습니다. 그 바깥 어른은 실례지만 좀 미련하게 생겼는 데다가 무테 안경을 넙적한 코에 걸쳐 놓고 신문을 참 재미있게 보고 있는 곁에 부인은 깨끗하고 살결은 희고 또 눈썹은 검고 많고 머리 밑으로 솜털이 퍽 많고 팔에 까만 솜털이 나스르르하고 입술은 얇고 푸르고 눈에는 쌍꺼풀이 지고 머리에서는 전나무 냄새가 나고 옷에서는 우유 냄새가 나는 미인입니다. 눈알은 사금파리로 만든 것처럼 번쩍하고 차디찬 것 같고 아무 말도 없이 부채도 곁에 놓고 이 거러지 같은 기차 들창 바깥 경치 어디를 그렇게 보는지 눈이 깜짝이는 일이 없습니다. 또 다른 한 쌍의 비둘기로 말하면 바깥 양반은 앉았는데 부인은 섰습니다. 부인 저고리는 얇다란 항라 홑껍데기가 되어서 대패질한 소나무에 '니스' 칠한 것 같은 도발적인 살결이 환하게 들여다보이고 내다 보이는데 구두는 여러 조각을 누덕누덕 찍어맨 '크림' 빛깔 나는 복스 새 구두에 마점산 씨 수염 같은 구두끈이 늘어져 있고 바깥 양반은 별안간 양복 웃옷을 활활 벗길래 더워서 그러나보다 그랬더니 꾸기꾸기 뭉쳐서 조그맣게 만들더니 다리를 쭉 뻗고 저고리를 베개 삼아 기다랗게 드러 누으니까 부인이 한참 바깥 양반을 내려다보더니 드러누웠다는 것을 확실히 인정한 다음에 부인은 그 머리맡으로 앉아서 손수건을 먼지 터는 것처럼 흔들흔들 하면서 바깥 양반 얼굴에다 대고 부채질을 하여 주니까 바깥 양반은 바람은 안 나고 코로 먼지가 들어간다는 의미의 표정을 부인에게 한 번 하여 보이니까 부인은 그만둡니다.

　그 외에는 조끼에 금시계 줄을 늘어뜨린 특색밖에는 아무런 특색도 없는 젊은 신사 한 사람 또 진흙투성이가 된 흰 구두를 신은 신사 한 사람 단것 장사 같은 늙수그레한 마나님이 하나 가방을 잔뜩 끼고 앉아서 신문을 보고 있는 S '구르몽'인 '시몬' 같은 부인의 '프로필'만 구경하고 앉아 있는 말라빠진 나 이상과 같습니다.

　마룻장 한복판 꽤 큰 구멍이 하나 뚫려서 기차가 달아나는 대로 철로 바탕이 들여다 보이는 것이 이상스러워서 S더러 이것이 무슨 구멍이겠느냐고 의논하여 보았더니 S는 그게 무슨 구멍일까 그러기만 하길래 나는 이것이 아마 이렇게 철로 바탕을 내려다보라고 만든 구멍인 것 같기는 같은데 그런 장난 구멍을 만들어 놓을 리는 없으니까 내 생각 같아서는 기차 바퀴에 기름 넣는 구멍일 것에 틀림없다고 그랬더니 S는 아아 이것을 참 깜빡 잊어버렸구나 이것은 침을 배알으라는 구멍이라고 그러면서 침 한 번 배알아 보이더니 나더러도 정말인가 거짓말인가 어디 침을 한 번 배알아 보라고 그러길래 나는 그 '모나리자'* 앞에서 침을 배알기는 좀 마음에 꺼림칙하여서 나는 그만두겠다고 그러면서 참 아가리가 여실히 타구같이 생겼구나 그랬습니다. 상자깨비로 만든 것 같은 정거장에서 고무장화를 신은 역장이 굴렁쇠를 들고 나오더니 기차가 정거를 하고 기관수와 역장이 무엇이라고 커다란 목소리로 서너 마디 이야기를 하더니 기적이 울리고 동리 어린아이들이 대여섯 기차 떠나는 것을 보고 박수갈채를 하는 소리가 성대하게 들리고 나면 또 위험한 전진입니다. 어느 틈에 내 곁에는 갓 쓴 해

＊〈모나리자(Mona Lisa)〉　1500년경 이탈리아의 화가 레오나르도 다 빈치가 그린 여인상. 신비적인 미소로 유명함.

모나리자

태처럼 생긴 영감님 하나가 내 즐거운 백통색 시야를 가려놓고 앉았습니다.

　내가 너무 '모나리자'만을 바라다보니까 맞은편에 앉았는 항라적삼을 입은 비둘기가 참 못난 사람도 다 많다는 듯이 내 얼굴을 보고 나는 그까짓 일에 부끄러워할 일은 아니니까 막 '모나리자'를 보고 싶은 대로 보고 '모나리자'는 내 얼굴을 보는 비둘기 부인을 또 좀 조소하는 듯이 바라보고 드러누워 있는 바깥 비둘기가 가만히 보니까 건너편에 앉아 있는 '모나리자'가 자기 아내를 그렇게 업신여겨 보는 것이 마음에 흡족하지 못하여서 화를 내는 기미로 벌떡 일어나 앉는 바람에 드러눕느라고 벗어 놓은 구두 발이 잘 들어맞지 않아서 그만 양말로 담배 꽁다리를 밟는 것을 S가 보고 싱그레 웃으니까 나도 그 눈치를 채고 S를 향하여 마주 싱그레 웃었더니 그것이 대단히 실례 행동 같고 또 한편으로 무슨 음모나 아닌가 퍽 수상스러워서 저편에 앉아 있는 금시계줄과 진흙 묻은 흰 구두가 눈을 뚱그렇게 뜨고 이 쪽을 노려보니까 단것 장수 할머니는 또 이 쪽에 무슨 괴변이나 나지 않았나 해서 역시 눈을 두리번두리번 하다가 아무 일도 없으니까 싱거워서 눈을 도로 그 맞은편의 금시계줄로 옮겨 놓을 적에 S는 보던 신문을 척척 접어서 인생관 가방 속에다가 집어 넣더니 정식으로 '모나리자'와 비둘기는 어느 편이 더 어여쁜가를 판단할 작정인 모양으로 안경을 바로잡더니 참 세계에 이런 기차는 다시 없으리라고 한 마디 하니까 비둘기와 '모나리자'가 S 쪽을 일시에 보는지라 나는 또 창 바깥 논 속에 허수아비 같은 황새가 한 마리 내려 앉았으니 저것 좀 보라고 소리를 질렀더니 두 미인은 또 일시에 시선을 나 있는 창 바깥으로 옮겨 보았는데 결국 아무것도 보이지 않으니까 싱그레 웃으면서 내 얼굴을 한 번씩 보더니 '모나리자'는 생각난 듯이 곁에 '비프스테이크' 같은 바깥 어른의 기름기 흐르는 콧잔등이 근처를 한번 들여다보는 것을 본 나는 속마음으로 참 아깝도다

그렇게 생각하고 있는데 S는 무슨 생각으로 그랬는지 개발에 편자라는 말이 있지 않느냐고 그러면서 나에게 해태 한 개를 주는지라 성냥을 그어서 불을 붙이려니까 내 곁에 앉았는 갓 쓴 해태가 성냥을 좀 달라고 그러길래 주었더니 서울서 주머니에 넣어 가지고 간 '카페' 성냥이 되어서 이상스럽다는 듯이 두어 번 뒤집어 보더니 짚고 들어온 길고도 굵은 얼른 보면 몽둥이 같은 지팡이를 방해 안 되도록 한쪽으로 치워 놓으려고 놓자마자 꽤 크게 와지끈 하는 소리가 나면서 그 길다란 지팡이가 간데온데가 없습니다. 영감님은 그것도 모르고 담뱃불을 붙이고 성냥을 나에게 돌려 보내더니 건너편 부인도 웃고 곁에 앉아 있는 부인도 수건으로 입을 가리고 웃고 S도 깔깔 웃고 젊은 사람도 웃고 나만이 웃지 않고 앉았는지라 좀 이상스러워서 영감은 내 어깨를 꾹 찌르더니 요다음 정거장은 어디냐고 은근히 묻는지라 요다음 정거장은 요다음 정거장이고 영감님 무어 잃어버린 거 없느냐고 그랬더니 또 여러 사람이 웃고 영감님은 위선 쌈지 괴불주머니 등속을 만져 보고 보따리 한 귀퉁이를 어루만져 보고 또 잠깐 내 얼굴을 쳐다보더니 참 내 지팡이를 못 보았느냐고 그럽니다. 또 여러 사람은 웃는데 나만이 웃지 않고 그 지팡이는 그 구멍으로 빠져 달아났으니 요 다음 정거장에서는 꼭 내려서 그 지팡이를 찾으러 가라고 이 철둑으로 쭉 따라가면 될 것이니까 길은 아주 찾기 쉽지 않느냐고 그러니까 그 지팡이는 돈 주고 산 것은 아니니까 잃어버려도 좋다고 그러면서 태연자약하게 담배를 뻑뻑 빨고 앉았다가 담배를 다 먹은 다음 담뱃대를 그 지팡이 집어먹은 구멍에다 대고 딱딱 떠는 바람에 나는 그만 전신에 소름이 쫙 끼쳤습니다.

　다른 사람들도 물론 이 때만은 웃을 수도 없는 업신여길 수도 없는 참 아기자기한 마음에서 역시 소름이 끼쳤으리라고 나는 생각합니다.

황소와 도깨비

어떤 산골에 돌쇠라는 나무 장사가 살고 있었습니다. 나이 30이 넘도록 장가도 안 가고 또 부모도 일가친척도 없는 혈혈단신이라 먹을 것이나 있는 동안은 핀둥핀둥 놀고 그러다가 정 궁하면 나무를 팔러 나갑니다.

어디서 해 오는지 아름드리 장작이나 솔나무를 황소 등에다 듬뿍 싣고 장터나 읍으로 팔러 갑니다. 아침 일찍이 해도 뜨기 전에 방울 달린 소를 끌고 이려이려…… 딸랑딸랑…… 이려이려 —— 이렇게 몇 십 리씩 되는 장터로 읍으로 팔릴 때까지 끌고 다니다가 해 저물녘이라야 겨우 다시 집으로 돌아옵니다.

그 방울 달은 황소가 또 돌쇠의 큰 자랑거리였습니다. 돌쇠에게는 그 황소가 무엇보다도 소중한 재산이었습니다. 자기 앞으로 있던 몇 마지기 토지를 팔아서 돌쇠는 그 황소를 산 것입니다. 그 황소는 아직 나이는 어렸으나 키가 훨씬 크고 골격도 튼튼하고 털이 또 유난스럽게 고왔습니다. 긴 꼬리를 좌우로 흔들며 나뭇짐을 잔뜩 지고 텁석텁석 걸어가는 양은 보기에도 참 훌륭했습니다. 그 동리에서 으뜸가는 이 황소를 돌쇠는 퍽 귀애하고 위했습니다.

어느 해 겨울 맑게 개인 날 돌쇠는 전과 같이 장작을 한 바리 잔뜩 싣고 읍을 향해서 길을 떠났습니다. 읍에 도착한 것이 오정 때쯤이었습니다. 그 날은 운수가 좋았던지 살 사람이 얼른 나서서 돌쇠는 그리 애쓰지 않고 장작을 팔 수 있었습니다. 돌쇠는 마음에 대단히 흡족해서 자기는 맛있는 점심을 사먹고 소에게도 배불리 죽을 먹였습니다. 그리고 나서 잠깐 쉬고 그 날은 일찍 돌아올 작정이었습니다.

얼마쯤 돌아오려니까 별안간 하늘이 흐리기 시작하고 북풍이 내리불더니 히뜩히뜩 진눈깨비까지 뿌리기 시작합니다. 돌쇠는 소중한 황소가 눈을 맞을까 겁이 나서 길가에 있는 주막에 들어가서 두어 시간 쉬었습니다. 그랬더니 다행히 눈은 얼마 아니 오고 그치고 말았습니다.

아직 저물지는 않았는 고로 돌쇠는 황소를 끌고 급히 길을 떠났습니다. 빨리 가면 어둡기 전에 집에 돌아올 수 있을 것 같았기 때문입니다. 그러나 짧은 겨울 해는 반도 못 와서 어느덧 저물기 시작했습니다. 날이 흐렸기 때문에 더 일찍 어두웠는지도 모릅니다.

"야단났구나."

하고 돌쇠는 야속한 하늘을 쳐다보며 혼자 중얼거리고 가만히 소 등을 쓰다듬었습니다.

"날은 춥구 길은 어둡구 그렇지만 헐 수 있나 자 어서, 가자."

돌쇠가 혼자말같이 중얼거리는 말을 소도 알아들었는지 딸랑딸랑 걸음을 빨리 합니다.

이렇게 얼마를 오다가 어느 산허리를 돌아서려니까 별안간 길 옆 숲 속에서 고양이만한 새까만 놈이 깡창 뛰어나오며 눈 위에 가 엎디어 무릎을 꿇고 자꾸 절을 합니다.

"돌쇠 아저씨 제발 살려 주십시오."

처음에는 깜짝 놀랜 돌쇠도 이렇게 말을 붙이는 고로 발을 멈추고 자세히 바라보니까 사람인지 원숭인지 분간할 수 없는 얼굴에 몸에 비해서는 좀 기름한 팔다리 살결은 까뭇까뭇하고 귀가 우뚝 솟고 적은 꼬리까지 달려서 원숭이 같기도 하고 또 어떻게 보면 개 같기도 했습니다.

"얘 요게 뭐냐."

돌쇠는 약간 놀라면서 소리쳤습니다.

"대체 너는 누구냐."

"제 이름은 산오뚝이에요."

"뭐? 산오뚝이?"

그 때 돌쇠는 얼른 어떤 책 속에서 본 그림을 하나 생각해 냈습니다. 그 책 속에는 얼굴은 사람과 원숭이의 중간이요, 꼬리가 달리고 팔다리가 길고 귀가 오뚝 일어선 것을 그려 놓고 그 옆에다 도깨비라고 씌어 있었던 것입니다.

"거짓말 말어 요놈아."

하고 돌쇠는 소리를 버럭 질렀습니다.

"너 요놈 도깨비 새끼지."

"네 정말은 그렇습니다. 그렇지만 산오뚝이라구두 합니다."

"하하하하 역시 도깨비 새끼였구나."

돌쇠는 껄껄 웃으면서 허리를 굽히고 물었습니다.

"그래 대체 도깨비가 초저녁에 왜 나왔으며 또 살려달라는 건 무슨 소리냐?"

도깨비 새끼의 이야기는 이러했습니다.

지금부터 한 일 주일 전에 날이 따뜻하길래 도깨비 새끼들은 5, 6마리가 떼를 지어 인가 근처로 놀러나왔더랍니다. 하루 온종일 재미있게 놀고 막 돌아가려 할 때에 마침 동리의 사냥개한테 붙들려 꼬리를 물리고 말았습니다. 겨우 몸은 빠져 나왔으나 개한테 물린 꼬리가 반동강으로 툭 잘라졌기 때문에 여러 가지 재주를 못 피게 되고 말았습니다. 그뿐 아니라 동무들도 다 잊어버리고 혼자 떨어져서 할 수 없이 입때껏 그 산허리 숲 속에 숨어 있었던 것입니다.

도깨비에겐 꼬리가 아주 소중한 물건입니다. 꼬리가 없으면 첫째 재주를 피울 수 없는 고로 먼 산 속에 있는 집에도 갈 수 없고 배가 고파서 먹을 것을 찾으러 나가려니 사냥개가 무섭습니다. 날이 추우면 꼬리의 상처가 쑤시고 아프고 — 그래서 꼼짝 못하고 일 주일 동안이나 숲 속에 갇혀 있다가 마침 돌쇠가 지나가는 것을 보고 살려달라고 뛰어나온 것입니다.

"제발 이번만 살려 주십시오. 은혜는 평생 잊지 않겠습니다."

이야기를 마치고 나서 도깨비 새끼는 머리를 땅 속에 틀어박고 두 손으로 싹싹 빕니다.

이야기를 듣고 자세히 보니까 과연 살이 바싹 빠지고 꼬리에는 아직도 상처가 생생하고 추위를 견디지 못해서 온몸을 바들바들 떨고 있습니다. 돌쇠는 그 정경을 보고 아무리 도깨비 새끼로서니……하는 측은한 생각이 나서,

"살려 주기야 어렵지 않다만은 대체 어떻게 해달라는 말이냐."
하고 물었습니다.

"돌쇠 아저씨의 황소는 참 훌륭한 소입니다. 그 황소 뱃속을 꼭 두 달 동안만 저에게 빌려 주십시오. 더두 싫습니다. 꼭 두 달입니다. 두 달만 지나면 날두 따뜻해지구 또 상처두 나을 테구 하니깐 그 때는 제 맘대루 돌아다닐 수 있습니다. 그 동안만 이 황소 뱃속에서 살두룩 해 주십시오. 절대루 거짓말을 해서 아저씨를 속이기는커녕 지가 이 소 뱃속에 들어가 있는 동안은 이 소를 지금버덤 열 갑절이나 기운이 세게 해 드리겠습니다. 그러니 제발 이번 한 번만 살려 주십시오."

이 말을 듣고 돌쇠는 말문이 막히고 말았습니다. 귀엽고 소중한 황소

뱃속에다 도깨비 새끼를 넣고 다닐 수는 없는 일입니다. 그렇다고 그것을 거절하면 도깨비 새끼는 필경 얼어 죽거나 굶어 죽고 말 것입니다. 아무리 도깨비라도 그렇게 되는 것을 그대로 둘 수도 없고 또 소의 힘을 지금보다 십 배나 강하게 해 준다니 그리 해로운 일은 아닙니다.

생각다 못해서 돌쇠는 소의 등을 두드리며

"어떡허면 좋겠니."

하고 물어 보니까 소는 그 말귀를 알아들었는지 고개를 끄덕끄덕합니다.

"그럼 너 허구 싶은 대루 해라. 그렇지만 꼭 두 달 동안이다."

돌쇠는 도깨비 새끼를 보고 이렇게 다짐했습니다.

도깨비 새끼는 좋아라고 펄펄 뛰면서 백 번 치사하고 깡충 뛰어서 황소 뱃속으로 들어가고 말았습니다.

돌쇠는 껄껄 웃고 다시 소를 몰기 시작했습니다. 그랬더니 참 놀라운 일입니다. 아까보다 십 배나 소는 걸음이 빨라져서 도저히 따라갈 수가 없었습니다. 할 수 없이 소 등에 올라탔더니 소는 연방 딸랑딸랑 방울 소리를 내며 순식간에 마을까지 뛰어 돌아왔습니다.

과연 도깨비 새끼가 말한 대로 돌쇠의 황소는 전보다 십 배나 힘이 세어졌던 것입니다. 그 이튿날부터는 장작을 산더미같이 실은 구루마라도 끄는지 마는지 줄곧 줄달음질을 쳐서 내뺍니다. 그 전에는 하루종일 걸리던 장터를 이튿날부터는 아무리 장작을 많이 실었어도 하루 세 번씩을 왕래했습니다.

돌쇠는 걸어서는 도저히 따라갈 수가 없어서 새로 구루마를 하나 사서 밤낮 그 위에 올라타고 다녔습니다. 얘 —— 이건 참 굉장하다……하고 돌쇠는 하늘에나 오른 듯이 기뻐했습니다. 따라서 전보다도 훨씬 더 소를 귀애하고 소중히 여기게 되었습니다.

자 —— 이러고 보니 동리에서나 읍에서나 큰 야단입니다. 돌쇠의 황소가 산더미같이 장작을 싣고 하루에 장터를 세 번씩 왕래하는 것을 보고 모두 눈이 뚱그랬습니다. 그 중에는 어떻게 해서 그렇게 황소의 힘이 세어졌는지 부득부득 알려는 사람도 있고 또 달래는 대로 돈을 줄 터이니 제발 팔아달라고 청하는 사람도 있었으나 돌쇠는 빙그레 웃기만 하고 대답도 하지 않았습니다.

'어쩐 말이냐 우리 소가 제일이다.'

그럴 적마다 돌쇠는 이렇게 생각하고 더욱 맛있는 죽을 먹이고 딸랑딸랑 이려이려 —— 하고 신이 나서 소를 몰았습니다.

원래 게으름뱅이 돌쇠입니다만은 이튿날부터는 소 모는데 고만 재미가 나서 장작을 팔러다녀서 돈도 많이 모았습니다. 눈이 오거나 아주 추운 날은 좀 편히 쉬어 보려도 소가 말을 안 들었습니다. 첫새벽부터 외양간 속에서 발을 구르고 구슬을 내흔들고 —— 넘쳐 흐르는 기운을 참지 못해 껑충껑충 뜁니다. 그러면 돌쇠는 할 수 없이 또 황소를 끌어내고 맙니다.

이러는 사이에 어느덧 두 달이 거진 다 지나가고 3월 그믐께가 다가왔습니다. 그 때부터 웬일인지 자꾸 소의 배가 부르기 시작했습니다. 돌쇠는 깜짝 놀래어 틈 있는 대로 커다란 배를 문질러 주기도 하고 또 약도 써 보고 했으나 도무지 효력이 없습니다. 노인네들에게 보여도 무슨 때문인지 아는 사람이 없었습니다.

돌쇠는 매일을 걱정과 근심으로 지냈습니다. 아마 이것이 필경 뱃속에 있는 도깨비 장난인가 보다 하는 것은 어슴푸레 짐작할 수 있었으나 처음에 꼭 두 달 동안이라고 약속한 일이니 어찌할 수 없는 일입니다. 그뿐 아니라 소는 다만 배가 불러올 뿐이지 기운도 줄지 않고 앓지도 않는 고로,

'제기 그냥 두어라 며칠 더 기대리면 결말이 나겠지. 죽을 것 살려 주었는데 설마 나쁜 짓이야 하겠니.'

이렇게 생각하고 4월이 되기만 고대했습니다.

소는 여전히 기운차게 구루마를 끌고 산이든 언덕이든 평지같이 달렸습니다.

그예 3월 그믐이 다가왔습니다.

돌쇠는 겨우 후 —— 하고 한숨을 내쉬고 그 날 하루만은 황소를 편히 쉬게 했습니다. 그리고 이왕이니 오늘 하루만 더 도깨비를 두어 두기로 결심하고 소를 외양간에다 맨 후 맛있는 죽을 먹이고 자기는 일찍부터 자고 말았습니다.

이튿날 4월 초하룻날 첫새벽입니다. 문득 돌쇠가 잠을 깨니까 외양간에서 쿵쾅쿵쾅하고 야단스런 소리가 났습니다. 돌쇠는 깜짝 놀래어 금방 잠이 깨어서 뛰쳐 일어났습니다.

소를 누가 훔쳐 가지나 않나 하는 근심에 돌쇠는 옷도 못 갈아 입고 맨발로 마당에 뛰어내려 단숨에 외양간 앞까지 달음질쳤습니다. 그랬더니 웬일인지 돌쇠의 황소는 외양간 속에서 이를 악물고 괴로워 못 견디겠다는 듯이 미친 것 모양으로 겅중겅중 뜁니다. 가엾게도 황소는 진땀을 잔뜩 흘리고 고개를 내저으며 기진맥진한 모양입니다.

돌쇠는 깜짝 놀래어 미친 듯이 날뛰는 황소 고삐를 붙잡고 늘어졌습니다. 그러나 황소는 좀체로 진정치를 않고 더욱 힘을 내어 괴로운 듯이 날뜁니다.

"대체 이게 웬 영문야."

할 수 없이 돌쇠는 소의 고삐를 놓고 한숨을 내쉬며 얼빠진 사람같이 그 자리에 우뚝 서고 말았습니다.

"돌쇠 아저씨, 돌쇠 아저씨."

그 때입니다. 어디서인지 자기를 부르는 소리를 돌쇠는 확실히 들었습니다. 돌쇠는 그 소리를 듣고 정신이 번쩍 나서 주위를 돌아보았습니다. 그러나 아무도 보이지는 않습니다. 그 때 또 어디서인지 나지막한 목소리가 들려 왔습니다.

"돌쇠 아저씨, 돌쇠 아저씨."

암만해도 그 소리는 황소 입 속에서 나오는 것 같았습니다. 그래서 돌쇠는 자세히 들으려고 소 입에다 귀를 갖다 대었습니다.

"돌쇠 아저씨 저에요, 저를 모르세요."

그 때야 겨우 돌쇠는 그 목소리를 생각해 내었습니다.

"오 ── 너는 도깨비 새끼로구나. 날이 다 새었는데 왜 남의 소 뱃속에 입때 들어 있니 약속한 날짜가 지났으니 얼른 나와야 허지 않겠니."

그랬더니 황소 속에서 도깨비 새끼는 대답했습니다.

"나가야 헐 텐데 큰일났습니다. 돌쇠 아저씨 덕택으로 두 달 동안 편히 쉬인 건 참 고맙습니다만은 매일 드러누워 아저씨가 주시는 맛있는 음식을 먹고 있다가 기한이 됐길래 나가려니까 그 동안에 굉장히 살이 쪘나 봐요 소 모가지가 좁아서 빠져 나갈 수가 없게 됐단 말에요. 억지루 나가려면 나갈 수는 있지만 소가 아픈지 막 뛰고 발광을 하는구면요 야단났습니다."

돌쇠는 그 말을 듣고 기가 탁 막히고 말았습니다.

"그럼 어떡허면 좋단 말이냐 그거 참 야단이로구나."

돌쇠는 팔짱을 끼고 생각에 잠기고 말았습니다. 도깨비 새끼에게 황소 뱃속을 빌려 준 것을 크게 후회했지만 인제서 무슨 소용이 있겠습니까. 무엇보다도 소가 불쌍해서 돌쇠는 고만 눈물이 글썽글썽하고 금방 울음이 터질 것 같았습니다.

그 때 또 도깨비 새끼 목소리가 들려 나왔습니다.

"아 돌쇠 아저씨 좋은 수가 있습니다. 어떻게든지 해서 이 소가 하품을 허두록 해 주십시오. 입을 딱 벌리고 하품을 헐 때에 지가 얼른 뛰어나갈 텝니다. 그렇지 않으면 한평생 이 뱃속에서 살거나 또는 뱃가죽을 뚫고 나가는 수밖에 없습니다. 그 대신 하품만 허게 해 주시면

이 소의 힘을 지금버덤 백 갑절이나 더 세게 해 드리겠습니다."

"옳다. 참 그렇구나. 그럼 내 하품을 허게 헐 테니 가만히 기다려라."

소가 살아날 수 있다는 생각에 돌쇠는 얼른 이렇게 대답은 했으나 가만히 생각해 보니 일은 딱합니다.

대체 어떻게 해야 소가 하품을 하는지 도무지 알 수가 없습니다. 그뿐 아니라 소가 하품하는 것을 돌쇠는 입때껏 한 번도 본 일이 없습니다. 그래서 함부로 옆구리도 찔러 보고 콧구멍에다 막대기도 꽂아 보고 간지려도 보고 콧등을 쓰다듬어 보기도 하고 —— 별별 꾀를 다 내나 소는 하품커녕 귀찮은 듯이 몸을 피하고 도리질을 하고 한두어 번 연거푸 재채기를 했을 뿐입니다. 도무지 하품을 할 기색은 보이지 않습니다.

그렇다고 이대로 내버려 두었다가는 도깨비 새끼가 뱃속에서 자꾸 자라서 저절로 배가 터지거나 그렇지 않으면 물어뜯기어 아까운 황소가 죽고 말 것입니다. 땅을 팔아서 산 황소요 세상에 다시 없이 애지중지하는 귀여운 황소가 그 꼴을 당한다면 그게 무슨 짝입니까. 돌쇠는 답답하고 분하고 슬퍼서 어쩔 줄을 모를 지경입니다.

생각다 못해서 돌쇠는 옷을 갈아 입고 동네로 뛰어 내려왔습니다.

"어떡허면 소가 하품 하는지 아시는 분 있으면 좀 가르쳐 주십시오."

동네로 내려온 돌쇠는 만나는 사람마다 붙잡고 이렇게 외치며 물었습니다만은 아무도 아는 사람은 없었습니다. 동네에서 제일 나이 많고 무엇이든지 안다는 노인조차 고개를 기울이고 대답을 하지 못했습니다.

그렇게 얼마를 묻고 다니다가 결국 다시 빈손으로 돌쇠는 집으로 돌아오고 말았습니다. 인제는 모든 일이 다 틀렸구나 생각하니 앞이 캄캄하고 기가 탁탁 막힙니다. 고개를 푹 숙이고 풀이 죽어서 길게 몇 번씩 한숨을 내쉬며 돌쇠는 외양간 앞으로 돌아와서 얼빠진 사람같이 황소의 얼굴을 쳐다보았습니다.

자기를 위해서 몇 해 동안 힘도 많이 도웁고 애도 많이 쓴 귀여운 황소!

며칠 안 되어 뱃속에 있는 도깨비 새끼 때문에 뱃가죽이 터져서 죽고 말 귀여운 황소!

그것을 생각하니 사람이 죽는 것보다 지지 않게 불쌍하고 슬프고 원통합니다.

공연히 그놈에게 속아서 황소 뱃속을 빌려 주었구나 하고 후회도 하여 보고 또 그렇게 미련한 자기 자신을 스스로 매질도 해 보고 —— 그러나 그것이 인제 와서 무슨 소용입니까. 얼마 안 있어 돌쇠의 둘도 없는 보배이던 황소는 죽고 말 것이요, 돌쇠 자신은 다시 외롭고 쓸쓸한 몸이 되리라는 그것만이 사실입니다.

참다 못해서 돌쇠는 눈물을 흘리고 소리내어 울며 간신히 고개를 쳐들고 다시 한 번 황소의 얼굴을 바라보았습니다. 황소도 자기의 신세를 깨달았는지 또는 돌쇠의 마음 속을 짐작했는지 무겁고 육중한 몸을 뒤흔들며 역시 슬픈 듯이 돌쇠의 얼굴을 바라보고 있습니다.

얼마 동안 그렇게 꼼짝 않고 돌쇠는 외양간 앞에 꼬부리고 앉아서 황소의 얼굴만 쳐다보고 있었습니다. 밥 먹을 생각도 없었습니다. 배도 고프지 않았습니다. 다만 귀여운 황소와 이별하는 것이 슬펐습니다. 오정 때 가까이 되도록 돌쇠는 이렇게 황소의 얼굴만 쳐다보고 있었습니다. 그랬더니 차차 몸이 피곤해서 눈이 아프고 머리가 혼몽하고 졸려졌습니다. 그래서 고만 저도 모르는 사이에 입을 딱 벌리고 기다랗게 하품을 하고 말았습니다.

그 때입니다. 돌쇠가 하품을 하는 것을 본 황소도 따라서 기다란 하품을 하기 시작했습니다.

"옳다 됐다."

그것을 본 돌쇠가 껑충 뛰어 일어나며 좋아라고 손뼉을 칠 때입니다.

벌린 황소 입으로 살이 통통히 찐 도깨비 새끼가 깡총 뛰어나왔습니다.

"돌쇠 아저씨 참 오랫동안 고맙습니다. 아저씨 덕택에 이렇게 살까지 쪘으니 아저씨 은혜가 참 백골난망입니다. 그 대신 아저씨 소가 지금 보다 백 갑절이나 기운이 세게 해 드리겠습니다."

도깨비 새끼는 돌쇠 앞에 엎디어 이렇게 말하고 나서 넙죽 절을 하더니 상처가 나은 꼬리를 저으며 두어 번 재주를 넘었습니다. 그리고 나서 어디로인지 없어지고 말았습니다.

그 때야 돌쇠는 겨우 정신을 차렸습니다. 입때껏 일이 꿈인지 정말인지 잠깐 동안은 분간할 수 없었습니다.

그러다가 고개를 들어 홀쭉해진 황소의 배를 바라보고 처음으로 모든 것을 깨닫고 하하하하 큰 소리를 내어 웃었습니다. 그리고 귀여워 죽겠다는 듯이 황소의 등을 쓰다듬었습니다.

죽게 되었던 황소가 다시 살아났을 뿐 아니라 이튿날부터는 입때보다 백 갑절이나 힘이 세어져서 세상 사람들은 놀래었습니다. 돌쇠는 더욱 부지런해져서 이른 아침부터 백 마력의 소를 몰며 '도깨비 아니라 귀신이라두 불쌍하거든 살려 주어야 하는 법야' 이렇게 속으로 중얼거리고 콧노래를 불렀습니다

추등 잡필

추석 삽화

1년 360일, 그 중의 몇 날을 추려 적당히 계절 맞춰 별러서 그 날만은 조상을 추억하며 생의 즐거움에서 멀어진 지 오래된 그들 망령을 있다 치고 위로하는 풍속을 아름답다 아니할 수 없으리라.

이것을 굳이 뜻을 붙여 생각하자면 —— 그날 그날의 생의 향락 가운데서 때로는 사의 적막을 가끔 상기해 보며 그러함으로써 생의 의의를 더한층 깊이 뜻있게 인식하도록 하는 선인들의 그윽한 의도에서 나오는 수법이 아닐까.

이번 추석날 나는 돌아가신 삼촌 산소를 찾았다. 지난 한식날은 비가 와서 거기다 내 나태가 가하여 드디어 삼촌 산소에 가지 못했으니 이번 추석에는 부디 가 보아야겠고 또 근래 이 삼촌이 지금껏 살아계셨던들 하는 생각이 문득 드는 적이 많아서 중생에 억울히 가신 삼촌을 한번 추억해 보고도 싶고 한 마음에서 나는 미아리행 버스를 타고 나갔던 것이다.

왼 산이 희고 왼 산이 곡성으로 하여 은은하다. 소조한 가을바람에

추초가 나부끼는 가운데 분묘는 5년 전에 비하여 몇 배수나 늘었다. 사람들은 나날이 저렇게들 죽어가는구나 생각하니 적이 비감하다. 물론 5년 동안에 더 많은 얘기가 탄생하였으리라 —— 그러나 그렇게 날로날로 지상의 사람이 바뀐다는 것도 또한 슬픈 일이 아닌가.

다섯 번 조락*과 맹동*을 거듭한 삼촌 산소가 꽤 거칠은 모양을 바라보고 퍽 슬펐다. 시멘트로 땜질 한 석상은 틈이 벌었고 친우 일동이 해 세운 석비도 좀 기운 듯싶었다.

분토 한결에 앉아 잠시 생전의 삼촌, 그 중엄하기 짝이 없는 풍모를 추억해 보았다. 그리고 운명하시던 날 장사 지내던 날 내 제복 입었던 날들의 일, 이런 다섯해 전 일들이 내 심안을 쓸쓸히 지나가는 것이었다. 나는 또 비명을 읽어 보았다. 하였으되…….

공렴정직 신의우독(公廉正直 信義友篤)
금란결계 시동우락(金蘭結契 矢同憂樂)
중세최절 사우함동(中世催折 士友咸慟)
한산편석 이표충정(寒山片石 以表衷情)

삼촌 구우 K씨의 작으로 내 붓솜씨다. 오늘 이 친우 일동이 세운 석비 앞에 주과가 없는 석상이 보기에 한없이 쓸쓸하다.

그 때 고 이웃 분묘에 사람이 왔다. 중노의 여인네가 한 분, 젊은 내외인 듯싶은 남녀, 10세 전후의 소학생이 하나 네 사람이다. 젊은 남정네는 양복을 입었고 젊은 여인네는 구두를 신었다. 중노의 여인네가 보퉁이를 펴드니 주과를 갖춘 조촐한 제상을 차리는 것이다. 그리고 향을 피우고 잔을 갈아 부으며 네 사람은 절한다.

* 조락(凋落) 시들어 떨어짐.
* 맹동(萌動) 어떠한 생각이나 일이 일어나기 시작함.

양복 입은 젊은 내외의 하는 절이 더 한층 슬프다. 그리고 교복 입은 소학생의 하는 절은 너무나 애련하다.

중노의 여인네는 호곡한다. 호곡하며 일어날 줄을 모른다. 젊은 내외는 소리 없이 몇 번이나 향을 피우고 잔 붓고 절하고 하더니 슬쩍 비켜 서는 것이다. 소학생도 따라 비켜 선다.

비켜 서서 그들은 멀리 건너편 북망산을 손가락질도 하면서 잠시 담화하더니 돌아서서 언제까지라도 호곡하려 드는 어머니를 일으킨다. 그러나 좀처럼 일어나려 하지 않는다.

그 때 이 날만 있는 이 북망산 전속의 걸인이 왔다. 와서 채 제사도 끝나지 않은 제물을 구걸하는 것이다. 그 태도가 마치 제것을 제가 요구하는 것과 같이 퍽 거만하다. 부처는 완강히 꾸짖으며 거절한다. 승강이가 잠시 계속된다.

이 광경을 바라보고 앉았는 동안에 내 등 뒤에서 이 또한 중노의 여인네가 한 분 손자인 듯싶은 동자 손을 이끌고 더듬더듬 내려오는 것이었다. 오면서 분묘 말뚝을 하나하나 자세히 조사한다. 필시 영감님의 산소 위치를 작년과도 너무 달라진 이 천지에서 그만 묘연히 잊어버린 것이리라. 이 두 사람은 이윽고 내 앞도 지나쳐 다시 돌아 그 이웃 언덕으로 올라간다. 그래도 좀처럼 여기구나 하고 서지 않는다.

건너편 그 거만한 걸인은 시비의 무득함을 깨달았는지 제물을 단념하고 다시 다음 시주를 찾아서 간다.

걸인은 동쪽으로 과부는 서쪽으로 ──.

해는 이미 일반을 지났으니 나는 또 삶의 여항으로 돌아가지 않으면 안되리라. 코스모스 핀 언덕을 터벅터벅 내려오면서 그 과부는 영감님의 무덤을 찾았을까 걱정하면서 버스 선 곳까지 오니까 모퉁이 목로 술집에서는 일장의 싸움이 벌어진 중이었다. 말할 것도 없이 거성 입은 사람끼리다.

구경

　전문한 것이 나는 건축인 관계상 재학 시대에 형무소 견학을 간 일이 더러 있다. 한 번은 마포 벽돌공장을 보러 간 일이 있는데 그것은 건물을 보러 간 것이 아니라 벽돌 제조의 여러 가지 속을 보러 간 것이니까 말하자면 건축 재료 제조 실제를 연구하는 한 시간이었다. 그러니까 죄수들의 생활이라든가 혹은 그들의 생활에 건물 제조를 어떻게 적응시켰나를 보러 간 것이 아니고 다만 한 공장을 보러 간 것에 지나지 않는 것이니까 직공들은 반드시 죄수들일 필요도 없거니와 또 거기가 하국의 형무소가 아니어도 좋다. 클래스 전부라야 열두 명이었는데 그 날 간 사람은 겨우 칠팔 명에 불과하였다고 기억한다.

　옥리의 안내를 받아 공장 각부분을 차례차례 구경하기로 되었다. 구경하기 전에 옥리는 우리들에게 부디부디 다음 몇 가지 점에 주의해 달라고 일러 주는 것이었다. 즉 담배를 피우지 말 것, 그들에게 무슨 필요로든 결코 말을 건네지 말 것, 그네들의 얼굴을 너무 차근차근히 들여다 보지 말 것 등이다. 차례대로 이윽고 견학이 시작되었다. 그러나 나는 처음부터 벽돌 제조 같은 것에는 추호의 흥미도 가지지는 않았다. 죄수들의 생활 동정의 자태를 볼 수 있다는 것이 이 견학이 나로 하여금 즐겁게 하여 주는 이유의 전부였다. 나는 일부러 끝으로 좀 처지면서 그 똑같이 적토색 복장에 몸을 두르고 깃에다 번호찰을 붙인 이네들의 모양을 살피기로 하였다. 그런데 과연 아니나다를까, 그들은 끝없는 증오의 시선을 우리들에게 던지는 것이 아니냐? 나는 놀랐다. 가슴이 두근두근해 왔다. 그리고 제출물에 겁이 나서 얼굴이 달아 들어오는 것을 어찌하는 수가 없었다. 너무나 똑똑히 불쾌한 표정을 지어 보이는 그들을 나는 차마 바로 쳐다보는 재주가 없었다.

　자기의 치욕의 생활의 내면을 혹 치욕이라고까지 하지는 않더라도 결코 남에게 떡 벌려 자랑할 것이 못 되는 제 생활의 내면을 어떤 생면부지한 사람들에게 막부득이 구경시키지 않으면 안 되는 것을 누구나 다 싫어하리라. 앙불괴어천 부부작어인*. 이런 심경에서 사는 사람이라도 그런 일점의 흐린 구름이 지지 않은 생활을 남이 그야말로 구경거리로 알고 보려 달려들 때에는 적이 불쾌할 것이다. 항차 죄수들이 자기네들의 치욕적 생활을 백일 아래서 여지없이 구경거리로 어떤 몇 사람 앞에 내놓지 않으면 안 되는 경우에 그들의 심통함이 또한 복역의 괴로움보다 오히려 배대할 것이다.

소록도의 나원을 보고 온 이의 이야기를 들으면 아무리 석존 같은 자비스러운 얼굴을 한 사람이 내도하여도 그들은 그저 무한한 증오의 눈초리로 맞이할 줄밖에 모른다 한다. 코가 떨어지고 수족이 망가진 자기네들 추악한 군상을 사실 동류 이외의 어떤 사람에게도 보이기 싫을 것이다. 듣자니 그네들끼리는 희희낙낙하기도 하며 때로는 연애까지도 할 듯싶은 일이 다 있다 한다.

형무소 죄수들도 내가 본 대로는 의외로 활발하게, 오히려 생활난에 쪼드키어 헐떡헐떡하는 사바의 노역꾼들보다도 즐거운 듯이 일하고 있는 것이었다. 다만 그러면서도 남의 어떤 눈도 싫어하는 까닭은 말하자면 대등의 지위를 떠난 연민, 모멸, 동정, 기자, 이런 것을 혐오하는 인정 본연의 발로가 아니고 다름없는 것이 아닐까 한다.

가령 천형병*의 병원을 근절코자 할진대 보는 쪽쪽 이 병환자는 살육해 버려야 할는지도 모르지만 기왕 끔찍한 인정을 발휘해서 그들을 보호하는 바에는 될 수 있는 대로 그들의 심정을 거슬려 주어서는 안 될 것이다. 그러하다면 그들이 제일 싫어하는 구경을 절대로 금해야 할

---

* 앙불괴어천 부부작어인(仰不愧於天 俯不怍於人) 하늘을 우러러 부끄러움이 없고, 사람들을 대함에 거리낄 것이 없다.
* 천형병(天刑病) 문둥병.

것이다. 형무소 같은 것은, 성히 구경시켜서 써 죄과를 미연에 방지하는 것이 좋지나 않을까 하는 생각이 들기도 하지만 좀처럼 구경을 잘 시키지 않는 것은 역시 죄수 그들의 심정을 건드리지 않도록 하는 깊은 용의에서가 아닌가 한다.

예의

걸핏하면 끽다점에 가 앉아서 무슨 맛인지 알 수 없는 차를 마시고 또 우리 전통에서는 무던히 먼 음악을 듣고 그리고 언제까지라도 우두커니 머물러 있는 취미를 업수히 여기리라. 그러나 전기 기관차의 미끈한 선, 강철과 유리, 건물 구성, 예각, 이러한 데서 미를 발견할 줄 아는 세기의 인에게 있어서는 다방의 일게가 신선한 도락이요, 우아한 예의 아닐 수 없다.

생활이라는 중압은 늘 훤조*하며 인간의 부드러운 정서를 억누르려 드는 것이다. 더욱이 현대라는 데 깃들이는 사람들은 이 중압을 한층 더 확실히 감지하지 않을 수 없다.

어디를 보아도 교착된 강철과 거암과 같은 콘크리트 벽의 숨찬 억압 가운데 자칫하면 거칠기 쉬운 심정을 조용히 쉴 수 있도록 그렇게 알맞은 한 개의 의자와 한 개의 테이블이 있다면 어찌 촌가를 어여 내어 발길이 그리로 옮겨지지 않을 것인가. 가하기를 한 잔의 따뜻한 차와 가구*의 훤조한 잡음에 바뀌는 아름다운 음악이 있다면 그 심령들의 위안됨이 더한층 족하다고 하지 않으리오.

그가 제철 공장의 직인이건 그가 외과 의실의 집도인이건 그가 교통 정리 경관이건 그가 법정의 논고인이건 그가 하잘것 없는 일용고인이

---

* **훤조** 지껄이어서 떠듦.
* **가구**(街衢) 길거리.

건 그가 천만장자의 외독자이건 묻지 않는다. 그런 구구한 간판은 네온 사인이 달린 다방 문깐에 다 내려놓고 들어가는 것이다. 그 곳에서는 다같이 심정의 회유를 기원하는 티 없는 사람의 하나가 되는 것이다. 그리기에 이 곳에서는 누구나 다 겸손하다. 그리고 다같이 부드러운 표정을 하는 것이다. 신사는 다 조신하게 차를 마시고 숙녀는 다 다소곳이 음악을 즐긴다.

거기는 오직 평화가 있고 불성문의 정연하고도 우아 담백한 예의 준칙이 있는 것이다.

결코 이웃 좌석에는 들리지 않을 만큼 낮은 목소리로 담화한다. 직업을 떠나서 투쟁을 떠나서 여기서 바뀌는 담화는 전면한 정서를 풀 수 있는 그런 그윽한 화제리라.

다같이 입을 다물고 눈을 흡뜨지 않고 '슈베르트' 나 '쇼팽'*을 듣는다. 그 때 육중한 구두로 마룻바닥을 건드리며 장단을 맞춘다거나, 익숙한 곡조라 하여 휘파람으로 합주를 한다거나 해서는 아주 못쓴다. 왜? 그렇게 하는 것은 이 곳의 불성문인 예의를 깨뜨림이 지극히 큰 고로.

나는 그 날 밤에도 몸을 스미는 추랭을 지닌 채 거리를 걸었다. 천심에 달이 교교하여 일보일보가 적이 무겁고 또한 황막하여 슬펐다. 까닭 모를 애수, 고독이 불현듯이 인간다운 훈훈한 호흡을 연모케 하는 것이었다. 나는 달빛을 등지고 늘 드나드는 한 다방으로 들어섰다.

양삼인씩의 남녀가 벌써 다정해 보이는 따뜻한 한 잔씩의 차를 앞에 놓고 때마침 사운드 복스 울리는 현악 중주의 명곡을

쇼팽

* **쇼팽**(Chopin) 폴란드의 피아니스트(1810~1849). 낭만주의 대표적 작곡가이며, '피아노의 시인' 으로 불린다.

즐기고 있는 것이 아닌가.

나도 또한 신사다웁게 삼가는 보조로 그들 가운데 한 자리를 차지하고 그리고 차와 음악을 즐기기로 하였다.

5분 10분 20분, 이 적당한 휴게가 냉화하려 들던 내 혈관의 피를 얼마간 덥혀 주기 시작하는 즈음에 문이 요란히 열리며 4, 5인의 취한이 고성질타하면서 폭풍과 같이 침입하였다. 그들은 한복판 그 중 번듯한 좌석에 어지러이 자리를 잡더니 차를 청하여 수선스러이 마시며 방약무인하게 방가하는 것이었다. 그 바람에 음악은 간 곳 없고 예의도 간 곳 없고 그들의 추외한 성향이 실내를 흔들 뿐이다.

내 심정은 다시 거칠어 들어갔다. 몸부림하려 드는 내 서글픈 심정을 나 자신이 이기기 어려웠다. 나는 일 초라도 바삐 이 곳을 떠나고 싶어서 자리를 걷어차고 일어나서 문간으로 나가려 하는 즈음에 —— 이번에는 유두백면의 일장한이 사자만이나 한 셰퍼드를 한 마리 끌고 들어오는 것이 아닌가. 나는 대경실색하여 뒤로 물러서면서 보자니까 그 개는 그 육중한 꼬리를 흔들흔들 흔들며 이 좌석 저 좌석의 객을 두루두루 코로 맡아 보는 것이다.

그 때 취한 중의 한 사람이 마시다 남은 차를 이 무례한 개를 향하여 끼얹었다. 개는 질겁을 하여 뒤로 물러서더니 그 산이 울고 골짝이 무너질 것 같은 크낙한 목소리로 이 취한을 향하여 짖어 대는 것이었다. 나는 창황히 차값을 치르고 그 곳을 나와 보도를 디뎠다. 걸으면서도 그 예술의 전당에서 울려나오는 해괴한 견폐성*을 한참 동안이나 등 뒤에 들을 수 있었다.

---

* 견폐성(犬吠聲) 개 짖는 소리.

기여

그다지 명예롭지 못한, 그러나 생각해 보면 또 그렇게까지 불명예라고까지 할 것도 없는 질환을 가지고 어떤 학부 부속병원에를 갔다. 진찰이 끝나고 인제 치료를 시작하려 그 그리 보기 좋지 않은 베드 위에 올라 누웠다. 그랬더니 난데없이 수십 명의 흑장 속의 장정 일단이 우—— 침입하여는 내 침상을 둘러싸는 것이다. 말할 것도 없이 이 학부 재학의 학생들이요, 이것은 임상 강의시간임에 틀림없다. 손에는 각각 노트를 들었고 시선을 환부인 한 점에 집중시키고 있는 것이다. 의사 즉 교수는 서서히 입을 열어 용의주도하게 내 치료받고자 하는 개소를 주무르면서 유창한 어조로 강의를 개시하는 것이 아닌가. 이것은 나에게 있어서 참으로 천만 의외의 일일 뿐 아니라 정말로 불쾌하기 짝이 없는 봉변일 수밖에 없는 일이다.

그들은 대체 누구의 허락을 얻어 나를 실험 동물로 사용하는 것인가. 옆구리에 종기 하나가 나도 그것을 남에게 내보이는 것이 불쾌하겠거늘 아픈 탓으로 치부를 내보이지 않으면 안 되는 그 자그마한 기회를 타서 밑천 들이지 않고 그들의 실험 동물을 얻고자 꾀하는 것일 것이니 치료를 받기 위하여는 반드시 이런 굴욕을 받아야만 된다는 제도라면 사차불피일 것이나 그렇다 하더라도 이 변만은 어디까지든지 불쾌한 일이다.

의학의 진보 발달을 위하여 노구치 박사는 황열병*에 넘어지기까지도 하였고 또 최근 어떤 학자는 호열자 균을 스스로 삼켰다 한다. 이와 같은 예에 비긴다면 치부를 잠시 학생들에게 구경시켰다는 것쯤 심술 부릴 거리조차 못될 것이다. 차라리 잠시의 아픔과 부끄러움을 참았다

＊황열병 황열 바이러스에 의한 열대성 전염병의 하나.

는 것이 진지한 연구의 한 도움이 된 것을 영광으로 알아야 할 것이요 기뻐하여야 할 것이다.

그러나 또 생각해 보면 사람은 누구나 다 반드시 이렇게 실험 동물로 제공되어야 할 책임이 있다는 것은 아니리라. 환부를 내어 보이는 것은 어느 사람에게 있어서도 유쾌치 못한 일일 것이다. 의학만이 홀로 문화의 발달 향상을 짊어진 것은 아니겠고, 이 사회에서 생활을 향유하는 이 치고는 누구나 적든 많든 문화를 담당하는 일원임에 틀림없다. 허락 없이 의학의 연구 재료로 제공될 그런 호락호락한 몸은 하나도 없을 것이다. 그렇다면 의사든 교수든 박사든 그가 어떤 종류의 미미한 인간에 불과한 경우일지라도 반드시 그의 감정을 존중히 하여 일언 간곡한 청탁의 말이 있어야 할 것이요, 일언 승낙의 말이 있은 다음에야 교재로 사용할 수 있을 것이겠다.

요는 이런 종류의 기여를 흔연히 하게 하는 새로운 도덕 관념의 수립과 새로운 감정 관습의 보급에 있을 것이다.

어떤 해부학자는 자기의 유해를 담임하던 교실에 기부할 뜻을 유언하였다 한다. 그의 제자들이 차마 그 스승의 유해에 해부도를 대이기 어려웠을 줄 안다.

또 어떤 학술적인 전람회에서 사형수의 두개골을 여러 조각에 조각조각 켜 놓은 것을 본 일이 있다.

얼른 생각에 사형수 같은 인류의 해독을 좀 가혹히 짓주물렀기로니 차라리 그래 싼 일이지 이렇게도 생각이 되지만 또 한편으로 생각해 보면 혼백이 이미 승천해 버린 유해에는 죄가 없는 것이니 같이 사람 대접으로 취급하는 것이 지당한 일일 것이 아닐까. 또한 본인의 한 마디 승낙하는 유언을 얻어야 할 것이요, 그렇지 않으면 통상의 예를 갖추어 주어야 옳으리라.

나환인을 위하여 첫째 격리가 목적이겠으나 지상의 낙원을 꾸며 놓

앉아도 소록도에서는 탈출하는 일이 번번이 있다 한다.

만일 그런 감정이나 도덕의 새로운 관념이 보급된다면 사형수는 으레 해부를 유언할 것이요, 나환자는 자진하여 소록도로 갈 것이다.

"내 치부에 이러이러한 질환이 발생하였는데 일찍이 듣지도 보지도 못한 듯하오니 아무쪼록 여러 학자와 학생들이 모여 연구해 주시기 바랍니다."

하고 나서는 기특한 인사가 출현할는지도 마치 모른다. 그렇다면 여러 학생들 앞에 치부를 노출시키는 영광을 얻기에 경쟁들을 하는 고마운 세월이 올는지도 또 마치 모르는 것이요, 오기만 한다면 진실로 희대의 기관일 것은 기관인 것이나 인류 문화의 향상 발달에 기여하는 바만은 오늘에 비하여 훨씬 클 것이다.

실수

몇 해 전까지도 동경 역두는 리키샤 —— 즉 인력거가 있었다 한다. 외국 관광단을 실은 호화선이 와 닿으면 제국 호텔을 향하는 어마어마한 인력거의 행렬을 볼 수 있었다 한다. 그들 원래의 이방인들을 접대하는 갸륵한 예의리라.

그러나 오늘 그 달러를 헤뜨리고 가는 귀중한 손님을 맞이하는데 인력거는 폐지되었고 통속적인 그들에게 있어서는 너무나 통속적인 자동차로 한다고 한다.

이것은 원래의 진객을 대접하는 주인으로서의 갸륵한 위신을 지키는 심려에서이리라.

그러나 그 코 높은 인종을 모시는 인력거는 이 나라에서 아주 없어진 것이 아니다. 아닐 뿐만 아니라 아직도 너무 많다.

수일 전 본정 좁고도 복작복작하는 거리를 관류하는 세 채의 인력거를 목도하였다. 말할 것도 없이 백인의 중년 부부를 실은 인력거와 모호텔 전속의 안내인을 실은 인력거다.

그들은 우리 시민이 정히 못 알아들을 수밖에 없는 국어로써 지껄이며 간혹 조소 비슷이 웃기도 하고 손에 쥐인 단장을 들어 어느 방향을 가리키기도 한다. 자못 호기에 그득찬 표정이었다.

과문에 의하면 저 쪽 의례 준칙으로는 이 손가락질하는 버릇은 크낙한 실례라 한다. 하면 세계 만유를 하옵시는 거룩한 신분의 인사니 필시 신사리라. 그렇다면 이 젠틀맨 및 레이디는 인력거 위에 앉아서 이 낯설은 거리와 시민들에게 서슴지 않고 실례를 하는 모양이다.

'이까짓 데서는 예를 갖추지 않아도 좋다.' 하는 애초부터의 괘씸한 배짱임에 틀림없다. 일순 나는 말할 수 없는 불쾌한 감정에 사로잡혀 마음대로 하라면 위선 다소곳이 그 인력거의 채를 잡고 있는 차부를 난타한 다음 그 무례한의 부부를 완력으로 징계하여 주고 싶었다.

그러나 또 생각하여 보면 그들은 내가 채 알지 못하는 바 세계적 지리학자이거나 고고학자인지도 모른다.

그렇지 않은 단지 일개 평범한 만유객에 지나지 않는다 하더라도 그들은 적지 않은 달러를 이 땅에 널어 놓고 갈 것이요, 고국에 이 땅의 풍광과 민속을 소개할 것이다. 어쨌든 이들은 족히 진중히 접대하여야만 할 손님임에는 틀림없다.

그렇다면?

내가 이들을 징계하였다는 것이 도리어 내 고향을 욕되게 하는 것이리라.

그렇건만 —— 그 때 느낀 불쾌한 감정은 조금도 사라지지 않는다.

아무쪼록 많은 수효의 외국 관광객을 유치하는 것은 우리들 이 땅의 주인된 임무일 것이며 내방한 그들을 겸손하고도 친절한 예의로 접대하여 그들로 하여금 이 땅의 백성들의 인상을 끝끝내 좇도록 하는 것

또한 지켜야 할 임무일 것이다. 그러나 겸손을 지나쳐 그들의 오만과 모멸을 용납할 수 없다.

이것을 말없이 감수하는 것은 위에 말한 주인으로서의 임무에도 배치되는 바 크다.

이 땅에 있는 것을 그들에게 구경시켜 주는 것은 결코 동물원의 곰이나 말, 승냥이가 제 몸뚱이를 구경시키는 심사와는 다르다. 어디까지든지 그들만 못하지 않은 곳, 그들에게 없는, 그들보다 나은 곳을 소개하고 자랑하자는 것일 것이어늘 ――.

인력거 위에 앉아서 단장 끝으로 손가락질을 하는 그들의 태도는 확실히 동물 구경에 근사한 태도요, 따라서 무례요 더없는 굴욕이다.

국가는 마땅히 법규로써 그들에게 어떠한 산간벽지에서라도 인력거를 타지 못하도록 취체하여야 할 것이다.

그들이 부두 역두에 닿았을 때 직접 간접으로 이 땅의 위신을 제시하여 놓아야 할 것이다. 그것을 위선 인력거로 실어 숙소로 모신다는 것은 해괴망측하기가 짝이 없는 일이다. 동경뿐만 아니라 서울거리에서도 이 괘씸한 인력거의 행렬을 보지 않게 되어야 옳을 것이 아닌가.

연전에 나는 어느 공원에서 어떤 백인이 한 걸식에게 50전 은화를 시여한 다음 카메라를 희롱하는 것을 지나가던 일위 무골 청년이 구타하는 것을 목도한 일이 있다.

이 청년 역시 향토를 아끼는 갸륵한 자존심에서 우러난 행동이었음에 틀림없으리라. 그러나 이것은 그 이방인은 어찌되었든 잘못된 일일 것이니 '투어리스트 뷰르' 는 한갓 관광단 유치에만 부심할 것이 아니라 이런 실수가 미연에 방지되도록 안으로서의 차림차림에도 유의하는 바가 있어야 할 것이다.

병상 이후

　그는 의사의 얼굴을 몇 번이나 쳐다보았다. '의사도 인간이다, 나하고 조금도 다를 것이 없는!' 이렇게 속으로 아무리 부르짖어 보았으나 그는 의사를 한낱 위대한 마법사나 예언자 쳐다보듯이 보지 아니할 수 없었다. 의사는 붙잡았던 그의 팔목을 놓았다(가만히). 그는 그것이 한없이 섭섭하였다. 부족하였다. '왜 벌써 놓을까, 왜 고만 놓을까? 그만 보아 가지고도 이 묵은(늙은) 중병자를 뚫어 들여다볼 수가 있을까.' 꾸지람 듣는 어린아이가 할아버지 눈치를 쳐다보듯이 그는 가련(참으로)한 눈으로 의사의 얼굴을 언제까지라도 쳐다보아 그만두려고는 하지 않았다. 의사는 얼굴을 십장생화 붙은 방문 쪽으로 돌이킨 채 눈은 천장에 꽂아 놓고 무엇인지 길이 깊이 생각하는 것 같더니 길게 한숨하였다. 꽉 다물어져 있는 의사의 입은 그가 아무리 쳐다보아도 열릴 것 같지는 않았다.

　안방에서 들리는 담소의 소리에서 의사의 웃음소리가 누구의 것보다도 가장 큰 것을 그는 들을 수 있었다. 모든 것은 눈물날 만큼 분하였다. 그러나 '자기의 병이 그다지 중치는 아니 하기에 저렇지.' 하는 생각도 들어, 한편으로는 자그마한 안심을 가져오게 할 수도 있었다. 그러나 그러는 가운데에도 그가 잊을 수 없는 것은 그의 팔목을 잡았을 때의 의사의 얼굴에서부터 방산해 오는 술의 취기 그것이었다. '술을 마시고도 정확한 진찰을 할 수 있나.' 이런 생각을 하여 가며 그래도 그는 그의 가슴을 자제하였다. 그리고 의사를 믿었다. (그것은 억지로가 아니라 그는 그렇게도 의사를 태산같이 믿었다.) 그러나 안방에서 나오는 의사의 큰 웃음소리를 그가 누워서 귀에 들을 수 있었을 때에 '내 병 같은 것은 안중에도 없지! 술을 마시고 와서 장난으로 내 팔목을 잡았지, 그 수심스러운 무엇인가를 숙고하는 것 같은 얼굴의 표정도 다——일종의 도화극이었지! 아 —— 아 —— 중요하지도 않은 인간 ——' 이런 제어할 수 없는 상념이 열에 고조된 그의 머리에 좁은 구멍으로 뽑아 내는 철사처럼 뒤이어 일어났다. 혼자 애썼다. 그러는 동안에도 '아——고만하세요, 전작이 있어서 이렇게 많이는 못 합니다.' 의사가 권하는 술잔을 사양하는 이러한 소리와 함께 술잔이 무엇엔가 부딪히는 쨍그렁하는 금속성 음향까지도 구별해 내며 의식할 수 있을 만큼 그의 머리는 아직 그다지 냉정을 상실치는 않았다.

의사 믿기를 하느님같이 하는 그가 약을 전혀 먹지 않는 것은 그 무슨 모순인지 알 수 없다. 한밤중에 달여 들여 오는 약을 볼 때 우선 그는 '먹기 싫다.'를 느꼈다. 그의 찌푸려진 지 오래인 양미간은 더 한층이나 깊디깊은 홈을 짓지 아니하면 아니되었다. 아무리 바라보았으나 그 누르께한 액체의 한 탕기가 묵고 묵은 그의 중병(단지 지금의 형세만으로도 훌륭한 중병 환자의 자격을 가지고 있다.)을 고칠 수 있을까 믿기는 예수 믿기보다도 그에게는 어려웠다.

목은 그대로 타 들어온다. 밤이 깊어 갈수록 신열이 점점 더 높아 가고 의식은 상실되어 들어오는 것이었다. 무엇보다도 우선 가슴 아픈 것만이라도 나았으면 그래도 살 것 같다. 그의 의식이 상실되는 것도 다만 가슴 아픈 데 원인될 따름이었다. (적어도 그에게는 그렇게 생각되었다.)

'나의 아프고 고(고통)로운 것을 하늘이나 땅이나 알지 누가 아나.' 이러한 우스꽝스러운 말을 그는 그대로 자신에게 경험하였다. 약물이 머리맡에 놓인 채로 그는 그대로 혼수 상태에 빠져 있었다. 얼마 후에 깨어났을 때에는 그의 전신에는 문자 그대로 땀이 눈으로 보는 동안에 커다란 방울을 지어 가며 황백색 피부에서 쏟아져 솟았다. 그는 거의 기능까지도 정지되어 가는 눈을 쳐들어 벽에 붙은 시계를 보았다. 약 들여 온 지 10분, 그 동안이 그에게는 마치 장년월의(긴 시간의) 외국 여행에서 돌아온 것만 같은 느낌이었다. 약탕기를 들었을 때에 약은 냉수와 마찬가지로 식었다. '나는 이다지도 중요하지 않은 인간이다. 이렇게 약이 식어 버리도록 이것을 마시라는 말 한 마디 하여 주는 사람 없으니.' 그는 그것을 그대로 들이마셨다. 거의 절망적 기분으로, 그러나 말라빠진 그의 목을 그것은 훌륭히 축여 주었다.

얼마 동안이나 그의 의식은 분명하였다. 빈약한 등광 밑에 한쪽으로 기울어져 가며 담벼락에 기대어 있는 그의 우인의 '몽국 풍경'의 불운한 작품을 물끄러미 바라다보았다. 평소 같으면 그 화면이 몹시 눈이 부시어서(밤에만) 이렇게 오랫동안을 계속하여 바라볼 수 없었을 것을 그만하여도 그의 시각은 자극에 대하여 무감각이 되었었다. 몽롱히 떠올라 오는 그 동안 수 개월의 기억이(더욱이) 그를 다시 몽현 왕래의 혼수 상태로 이끌었다. 그 난의식(어지러운 의식) 가운데서도 그는 동요가 왔다. —— 이것을 나는 근본적인 줄만 알았다. 그 때에 나는 과연 한때의 참혹한 걸인이었다. 그러나 오늘까지의 거짓을 버리고 참에서 살아 갈 수 있는 '인간'이 되었다 —— 나는 이렇게만 믿었다. 그러나, 그것도 사실에 있어서는 근본적은 아니었다. 감정으로만 살아 나가는 가엾은 한 곤충의 내적 파문에 지나지 않았던 것을 나는 발견하였다. 나는 또한 나로서도, 또 나의 주위의 —— 모든 것에 대하여 굉장한 무엇을 분명히 창작(?)하였는데, 그것이 무슨 모양인지 무엇인지 등은 도무지 기억할 길이 없는 것은 당연한 일이다.

그 동안 수 개월 —— 그는 극도의 절망 속에 살아왔다(이런 말이 있을 수 있다면 그는 '죽어 왔다'는 것이 더 정확하겠다.). 급기야 그가 병상에 쓰러지지 아니하면 아니되었을 순간 —— 그는 '죽음은 과연 자연적으로 왔다'를 느꼈다. 그러나 하루 이틀 누워 있는 동안 생리적으로 죽음의 가까이까지에 빠진 그는 타오르는 듯한 희망과 야욕을 가슴 가득히 채웠던 것이다. 의식이 자기로 회복되는 사이사이 그는 이 오래간만에 맛보는 새 힘에 졸리었다. (보채어졌다.) 나날이 말라 들어가는 그의 체구가 그에게는 마치 강철로 만든 것으로만, 결코 죽거나 할 것이 아닌 것으로만 자신되었다.

그가 쓰러지던 그 날 밤(그 전부터 그는 드러누웠었다. 그러나 의식을 잃기 시작하기는 그 날 밤이 첫 밤이었다.) 그는 그의 우인에게서 길고 긴 편지를 받았다. 그것은 글로서 졸렬한 것이었다 하겠으나 한 순한 인간의 비통을 초한 인간 기록이었다. 그는 그것을 다 읽는 동안에 무서운 원시성의 힘을 느끼었다. 그의 가슴 속에는 보는 동안에 캄캄한 구름이 전후를 가릴 수도 없이 가득히 엉기어들었다. '참을 가지고 나를 대하여 주는 이 순한 인간에게 대하여 어째 나는 거짓을 가지고만밖에는 대할 수 없는 것은 이 무슨 슬퍼할 만한 일이냐.' 그는 그대로 배를 방바닥에 댄 채 엎드리었다. 그의 아픈 몸과 함께 그의 마음도 차츰차츰 아파 들어왔다. 그는 더 참을 수 없었다. 원고지 틈에 끼기어 있는 3030용지를 꺼내어 한두 자 쓰기를 시작하였다. '그렇다, 나는 확실히 거짓에 살아왔다. —— 그 때에 나에게는 체험을 반려한 무서운 동요가 왔다. —— 이것을 나는 근본적인 줄만 알았다. 그 때에 나는 과연 한때의 참혹한 걸인이었다. 그러나 오늘까지의 거짓을 버리고 참에서 살아갈 수 있는 '인간'이 되었다. —— 나는 이렇게만 믿었다. 그러나 그것도 사실에 있어서는 근본적은 아니었다. 감정으로만 살아 나가는 가엾은 한 곤충의 내적 파문에 지나지 않았던 것을 나는 발견하였다. 나는 또한 나로서도 또 나의 주위의 모든 것에게 대하여서도 차라리 여지껏 이상의 거짓에서 살지 아니하면 안 되었다……, 운운'이러한 문구를 늘어놓는 동안에 그는 또한 몇 줄의 짧은 시를 쓴 것도 기억할 수도 있었다. 펜이 무연히 종이 위를 활주하는 동안에 그의 의식은 차츰차츰 몽롱하여 들어갔다. 어느 때 어느 구절에서 무슨 말을 쓰다가 펜을 떨어뜨렸는지 그의 기억에서는 전혀 알아 낼 길이 없다. 그가 펜을 든 채로, 그대로 의식을 잃고 말아 버린 것만은 사실이다.

의사도 다녀가고 며칠 후, 의사에게 대한 그의 분노도 식고 그의 의식에 명랑한 시간이 차차로 많아졌을 때, 어느 시간 그는 벌써 알지 못할(근거) 희망에 애태우는 인간으로 나타났다. '내가 일어나기만 하면…….' 그에게는 단테의 〈신곡〉도 다빈치의 '모나리자'도 아무것도 그의 마음대로 나올 것만 같았다. 그러나 오직 그의 몸이 불건강한 것이 한 탓으로만 여겨졌다. 그는 그 우인의 기다란 편지를 다시 꺼내어 들었을 때 전날의 어두운 구름을 대신하여 무한히 굳센 '동지'라는 힘을 느꼈다. '××씨! 아무쪼록 광명을 보시오!' 그의 눈은 이러한 구절이 쓰인 곳에까지 다다랐다. 그는 모르는 사이에 입 밖에 이런 부르짖음을 내기까지 하였다. '오냐, 지금 나는 광명을 보고 있다.'고.

보티첼리의 〈단테의 '신곡'〉 삽화

12월 12일

　나의 지난 날의 일은 말갛게 잊어 주어야 하겠다. 나조차도 그것을 잊으려 하는 것이니 자살은 몇 번이나 나를 찾아왔다. 그러나 나는 죽을 수 없었다. 나는 얼마 동안 자그마한 한 광명을 다시금 볼 수 있었다. 그러나 그것도 전연 얼마 동안에 지나지 아니하였다. 그러나 또 한 번 나에게 자살이 찾아왔을 때에 나는 내가 여전히 죽을 수 없는 것을 잘 알면서도 참으로 죽을 것을 몇 번이나 생각하였다. 그만큼 이번에 나를 찾아온 자살은 나에게 있어 본질적이요, 치명적이었기 때문이다.

　나는 전연 실망 가운데 있다. 지금에 나의 이 무서운 생활이 노 위에 선 도승사의 모양과 같이 나를 지지하고 있다.

　모든 것이 다 하나도 무섭지 아니한 것이 없다. 그 가운데에도 이 죽을 수 없는 실망은 가장 큰 좌표에 있을 것이다.

　나에게, 나의 일생에 다시없는 행복이 돌아올 수만 있다 하면 내가 자살할 수 있을 때도 있을 것이다. 그 순간까지는 나는 죽지 못하는 실망과 살지 못하는 복수 —— 이 속에서 호흡을 계속할 것이다.

나는 지금 희망한다. 그것은 살겠다는 희망도, 죽겠다는 희망도 아무 것도 아니다. 다만 이 무서운 기록을 다 써서 마치기 전에는 나의 그 최후에 내가 차지할 행운은 찾아와 주지 말았으면 하는 것이다. 무서운 기록이다.

펜은 나의 최후의 칼이다.

1930년 4월 26일 어 의주통 공사장

(이○)

이 때나 저 때나 박행*에 우는 내가 십유여 년 전 그 해도 저무려는 어느 날 지향도 없이 고향을 등지고 떠나가려 할 때에 과거의 나의 파란 많은 생활에도 적지 않은 인연을 가지고 있는 죽마의 구우 M군이 나를 보내려 먼 곳까지 쫓아나와 갈림을 아끼는 정으로 나의 손을 붙들고,

"세상이라는 것은 우리가 생각하는 것과 같은 것은 아니라네."

하며 처창한 낯빛으로 나에게 말하던 그 때의 그 말을 나는 오늘까지도 기억하여 새롭거니와 과연 그 후의 나는 M군의 그 말과 같이 내가 생각던 바 그러한 것과 같은 세상은 어느 한 모도 찾아 내일 수는 없이 모두가 돌연적이었고 모두가 우연적이었고 모두가 숙명적일 뿐이었었다.

'저들은 어찌하여 나의 생각하는 바를 이해하여 주지 아니할까, 나는 이렇게 생각해야 옳다 하는 것인데 어찌하여 저들은 저렇게 생각하여 옳다 하는 것일까.'

이러한 어리석은 생각은 하여 볼 겨를도 없이,

'세상이란 그런 것이야. 네가 생각하는 바와 다른 것, 때로는 정반대되는 것, 그것이 세상이라는 것이야!'

이러한 결정적 해답이 오직 질풍 신뢰적으로 나의 아무 청산도 주관

---

* 박행(薄行)하다 불행하다. 운수가 언짢다.

도 없는 사랑을 일약 점령하여 버리고 말았다. 그 후에 나는 네가 세상에 그 어떠한 것을 알고자 할 때에는 우선 네가 '먼저 그것에 대하여 생각하여 보아라. 그런 다음에 너는 그 첫 번 해답의 대칭점을 구한다면 그것은 최후의 그것의 정확한 해답일 것이니.' 하는 이러한 참혹한 비결까지 얻어 놓았었다. 예상 못한 세상에서 부질없이 살아가는 동안에 어느덧 나라는 사람은 구태여 이 대칭점을 구하지 아니하고도 쉽사리 세상일을 대할 수 있는 가련한 '비틀어진' 인간성의 사람이 되고 말았다. 그리하여 인간을 바라볼 때에 일상에 그 이면을 보고 그러므로 말미암아 '기쁨'도 '슬픔'도 '웃음'도 '광명'도 이러한 모든 인간으로서의 당연히 가져야 할 감정의 권위를 초월한, 그야말로 아무 자극도 감격도 없는 영점에 가까운 인간으로 화하고 말았다. 오직 내가 나의 고향을 떠난 뒤 오늘날까지 십유여 년간의 방랑 생활에서 얻은 바 그 무엇이 있다 하면,

'불행한 운명 가운데서 난 사람은 끝끝내 불행한 운명 가운데서 울어
야만 한다. 그 가운데에 약간의 변화쯤 있다 하더라도 속지 마라. 그
것은 다만 그 '불행한 운명'의 굴곡에 지나지 않은 것이다.'

이러한 어그러진 결론 하나가 있을 따름이겠다. 이것은 지나간 나의 반생의 전부요, 총결산이다. 이 하잘것없는 짧은 한 편은 이 어그러진 인간 법칙을 '그'라는 인격에 붙이어서 재차의 방랑 생활에 흐르려는 나의 참담을 극한 과거의 공개장으로 하려는 것이다.

1

통절한* 자극, 심각한 인상, 그것은 사람의 성격까지도 변화시킨다.

＊ **통절(痛切)하다** 뼈에 사무치게 절실하다.

평범한 환경, 단조한 생활, 긴장 없는 전개 가운데에 살아가는 사람으로서는 도저히 그의 성격까지의 변경을 보기는 어려울 것이다. 어느 때 무슨 종류의 일이고 참으로 아픈 자극과 참으로 깊은 인상을 거쳐서야 비로소 그 사람의 성격 위에까지의 결정적 변화를 찾아볼 수 있을 것이다. 이제 지금으로부터 지나간 이삼 년 동안에 그를 만나보지 못한 사람은 누구나 다 '그'의 성격의 어느 곳인지 집어 내이지 못할 변화를 인식할 것이다. 이러한 변화에 따라 그의 용모와 표정, 어조까지의 차라리 슬퍼할 만한 변화를 또한 누구나 다 —— 놀래임과 의아를 가지고 대하지 아니할 수 없을 것이다.

'저 사람, 저 사람의 그 동안 생활에 저 사람의 성격을 저만치 변화시킬 만한 무슨 큰 자극과 깊은 인상이 있었던 것이겠지, 무엇일까?'

그러나 이와 같은 의아는 도리어 그의 그 동안의 생활에도 그의 성격을 오늘의 그것으로 변화시키게까지 한 그러한 아픈 자극과 깊은 인상이 있었다는 것을 더 잘 이야기하는 외에 아무것도 아닌 것이겠다.

2

세대와 풍정은 나날이 변한다. 그러나 그 변화는 그들을 점점 더 살 수 없는 가운데서 그들의 존재를 발견할 수밖에 없도록 하는 변화에 지나지 아니하였다. 이 첫 번 희생으로는 그의 아내가 산후의 발병으로 세상을 떠나고 말은 것이었다. 나이 많은(많다 하여도 사십이 좀 지난) 어머니를 위로 모시고 어미 잃은 젖먹이를 품 안에 끼고 그날 그날의 밥을 구하여 어두운 거리를 헤매이는 그의 인간고야말로 참담 그것이었다.

'죽어라, 죽어, 차라리 죽어라. 나의 이 힘없는 발길에 걸치적대지를 말아라. 피곤한 이 다리를 위하여 평탄한 길을 내어 다오.'

그의 푸른 입술이 떨리는 이러한 무서운 부르짖음이 채——그의 입술을 떨어지기도 전에 안타까운 몇 날의 호흡을 계속하여 오던 그 젖먹이마저 놓였던 자리도 없이 죽은 어미의 뒤를 따라갔다. M군과 그, 그리고 애총 메이는 사람, 이 세 사람이 돌림돌림 얼어붙은 땅을 땀을 흘리어 가며 파서 그 조그마한 시체를 묻어 준 다음에 M군과 그는 저문 서울의 거리를 걷는 두 사람이 되었다.

"M군, 나는 이제 나의 지게의 한편짝 짐을 내려놓았어. 나는 아무래도 여기서 이대로는 살아갈 수 없으니 죽으나사나 고향을 한번 뛰어나가 볼 테야.'

"그야…… 그러나 늙으신 자네의 어머니를 남의 땅에서 고생시킨다면 차라리 더 아픈 일이 아니겠나?"

"그러나 나는 불효한 자식이라는 것을 면치 못한 지 벌써 오래니깐."

드물게 볼 만치 그의 눈이 깊숙이 씀벅이고 축축히 번쩍이는 것이 그의 굳은 결심의 빛을 여지없이 말하고 있는 것도 같았다.

T씨(T씨는 그와의 의는 좋지 못하다 할망정 그래도 그에게는 단 하나밖에 없는 친아우였다.), 어렵기 짝이 없는 그들의 살림이면서도 이 단둘밖에 없는 형제가 딴집살림을 하고 있는 것도 그들의 의가 좋지 못한 까닭이었으나 그러나 그가 이 크낙한 결심을 의논하려 함에는 그는 그 T씨의 집으로 달려가지 아니하면 아니되었다.

"네나 내나 여기서는 살 수 없으니 우리 죽을 셈치고 한번 뛰어나가 벌어 보자."

"형님은 처자도 없고 한 몸이니깐 그렇게 고향을 뛰어나가시기가 어렵지 않으시리다만 나만 해도 철없는 처가 있고 코 흘리는 저 업(T씨의 아들)이 있지 않소? 자, 저것들을 데리고 여기서 살재도 고생이 자심한데 낯설은 남의 땅에 가서 그 남 못할 고생을 어떻게 하며 저것들은 다 무슨 죄란 말이요, 가려거든 형님 혼자나 가시오. 나는 갈 수 없으니,"

일상에 어머니를 모신 형, 그가 가까이 있어서 가뜩이나 살기 어려운데 가끔 어머니를 구실로 그에게 뜯기어 가며 사는 것을 몹시도 괴로이 여기던 T씨는 내심으로 그가 어서 어머니를 모시고 어디로든지 멀리 보이지 않는 곳으로 가기를 바라고 기다렸던 것이었다. 그가 홧김에,

"어머니, 큰아들 밥만 밥입니까? 작은아들 밥도 밥이지요. 큰아들만 그렇게 바라지 마시고 작은아들네 밥도 가끔 가서 열흘이고 보름이고 좀 얻어 잡숫다 오시구려."

이러한 그의 말이 비록 그의 홧김이나 술김의 말이라고는 하나, 그러나 일상이 가난에 허덕이는 자식들을 바라볼 때에 불안스럽고 면구스러운 마음을 이기지 못하는 늙은 그들의 어머니는 작은 아들 T씨가 싫어할 줄을 번연히 알면서도, 또 작은아들 역시 큰아들보다 조금도 나을 것 없이 가난한 줄까지 번연히 모르는 것도 아니었으나, 그래도 큰아들 가엾은 생각에 하루이고 이틀이고 T씨의 집으로 얻어먹으러 터덜거리고 갔었다. 또 그 외에도, 즉 어머니 생일날 같은 때,

"너도 어머니의 자식, 나도 어머니의 자식, 네나 내나 어머니의 자식 되기는 일반인데 내가 큰아들이래서 내 혼자서만 물라는 법이 있니, 그러니 너도 반만 물 생각해라."

그럴 때마다 반이고 삼분의 일이고 T씨는 할 수 없거나 있거나 싫은 것을 억지로 부담하여 왔었다. 이와 같은 것들이 다 —— T씨가 그의 가까이 있는 것을 그다지 좋아하지 아니하는 까닭이었다.

"그럼 T야, 너 어머니를 맡아라. 나는 일 년이고 이태이고 돈을 벌어 가지고 돌아올 터이니 그러면 그 때에는……."

"에 —— 다 싫소. 돈 벌어 가지고 오는 것도 아무것도 다 싫소. 내게 어머니가 당했소? 그런 어수룩한 소리 하지도 마시오. 더군다나 생각해 보시오. 형님은 지금 처자도 다 없는 단 한 몸에 늙으신 어머님 한 분을 무엇을 그러신단 말이오? 나는 처자들이 우굴우굴하는데 게

다가 또 어머니까지 어떻게 맡는단 말이오? 형님이 어머니를 모시고 다니시면서 고생을 시키든지 낙을 뵈이든지 그건 다 내가 알 배 아니니깐 어머니를 나한테 떠맡기고 갈 생각은 꿈에도 마시오."

어머니를 그 자식들이 서로 떠미는 이 불효, 어머니 모시기를 싫어하는 이 불효, 이것도 오직 그들을 어찌할 수도 없이 비끄러매이고 있는 적빈(몹시 가난함), 그것이 그들로 하여금 차마 저지르게 한 조고마한 죄악일 것이다.

그 후 며칠 동안 그는 그의 길들였던 세대 도구를 다 팔아 가지고 몇 푼의 노비를 만들어서 정든 고향을 길이 등지려는 가련한 몸이 되었다. 비록 그다지 의는 좋지 못하였다고는 하나 그러나 그러한 형, 그와의 불의도 다 —— 적빈 그것 때문이었던 그의 아우 T는 생사를 가운데 놓은 마지막 이별을 맡기며 눈물 흘려 설워하는 사람도 오직 이 T 하나가 있을 따름이었다.

"어머니, 형님, 언제나 또 뵈오리까?"

"잘 있거라, 잘 있거라."

목메인 그들의 차마 보지 못할 비극. 기차는 가고 T씨는 돌아오고 한밤중 경성 역두에는 이러한 눈물의 이별극이 자국도 없이 있었다.

죽마의 친구 M군이 학창의 여가를 타서 부산 부두까지 따라와서 마음으로의 섭섭함으로써 그들 모자를 보내어 주었다. 새벽 바람 찬 부두에서 갈림을 아끼는 친구와 친구는 손을 마주 잡고,

"언제나 또 만날까, 또 만날 수 있을까, 세상이라는 것은 우리가 생각하는 바 그러한 것은 아니라네. 부디 몸조심, 부모 효도 잊지 말아 주게."

"잘 있게. 이렇게 먼 데까지 나와 주니 참 고맙기 끝없네. 자네의 지금 한 말 언제라도 잊지 아니할 것일세. 때때로 생사를 알리는 한 조각 소식 부치기를 잊지 말아 주게. 자 —— 그러면."

새벽 안개 자욱한 속을 뚫고 검푸른 물을 헤치며 친구를 싣고 떠나가는 연락선의 뒷모양을 어느 때까지나 하염없이 바라보아도 자취도 남기지 않은 그 때가, 즉 그 해도 저물려는 12월 12일 이른 새벽이었다.

그 후 그의 소식을 직접 들을 수 있는 고향의 사람에는 오직 M군이라는 그의 친구가 있을 따름이었다. 그가 처음의 한두 번을 제하고는 T씨도 M군을 사이로 하여 그의 생사를 알 수 있는 흐릿한 상태가 길이 계속되어 왔던 것이다.

M에게 보내는 편지(제1신)

M군 추운데 그렇게 먼 곳까지 나와서 어머니와 나를 보내 주려고 자네의 정성을 다하였으니 그 고마운 말을 무엇으로 다하겠나. 이 나의 충정의 만분의 일이라도 이 글발에 붙여 보려 할 뿐일세. 생전에 처음 고향을 떠난 이 몸의 몸과 마음의 더없는 괴로움 또한 어찌 이루 다 말하겠나. 다만 나의 건강이 조금도 축나지 아니한 것만 다시없는 요행으로 알고 있을 따름일세. 그러나 처음으로의 긴 동안의 여행으로 말미암아 어머님께서는 건강을 퍽 해하셔서 지금은 일어 앉으시지도 못하시고 누워 계시네. 이렇게도 몸의 아픔과 괴로움을 맛보시면서도 나에게 대하여는 도리어 미안하다는 듯이 이렇다는 말씀 한 마디 아니 하시니 이럴 때마다 이 자식의 불효를 생각하고 스스로 하늘을 우러러 한숨지며 이 가슴이 찢어지는 것과 같은 아픔을 맛보는 것일세. 자네가 말한 바와 같이 역시 세상은 우리들이 생각한 바와는 몹시도 다른 것인 모양이야. 오나가나 나에게 대하여서는 저주스러운 것들 뿐이요, 차디찬 것들 뿐일세그려!

이 곳에는 조선 사람으로만 조직되어 있는 조합이 있어서 처음 도항하여 오는 사람들을 위하여 직업 거주 등절을 소개도 하며 돌보아도 주며 여러 가지로 편의를 도모하기에 진력하고 있는 것일세. 나의 지금 있는 곳은 신호(고베)시에서 한 일 리쯤 떨어져 있는 산지에 가까운 곳인데 이 곳에는 수없는 조선 사람의 노동자가 보금자리를 치고 있는 것일세. 이 산비탈에 일면으로 움들을 파고는 그 속에서 먹고 자고 울고 웃고 씻고 빨래하고 바느질하고 하면서 복작복작 오물거리며 살아가는 것일세. 빨아 널은 흰 옷자락이 바람에 날리는 것이나 다홍 저고리와 연두치마 입은 어린아이들이 오고가며 뛰노는 것이나 고향 땅을 멀리 떠난 이 곳일세만 그래도 우리까지 모여 사는 것 같아서 그리 쓸쓸하거나 낯설지는 않은 듯해!

나는 아직 움을 파지는 못하였네. 헐어빠진 함석 철판 몇 장과 화재터의 못 쓸 재목 몇 토막을 아까운 돈의 몇 푼을 들여서 사다가 놓기는 하였네마는 처음 당해 보는 긴 여행 끝에 몸도 피곤하고 날도 요즈음 좀 춥고 또 그날 그날 먹을 벌이를 하노라고 시내로 들어가지 아니하면 아니될 몸이라 어떻게 그렇게 내가 들어 있을 움집이라고 쉽사리 팔 사이가 있겠나. 병드신 어머님을 모시고서 동포라고는 하지만 낯설은 남의 집에서 폐를 끼치고 있는 생각을 하면 어서어서 하루라도 바삐 움집이나마 파서 짓고 들어야 할 터인데 모든 것이 다 —— 걱정거리뿐일세. 직업이라야 별로 이렇다는 직업이 있을 까닭이 없네. 더욱 요즈음은 겨울날이라 숙련된 기술 노동자 외에는 그야말로 함부로 그날 그날을 벌어 먹고 사는 막벌이꾼 노동자는 할 일이 아무것도 없는 것일세. 더욱이 나는 아직 이 곳 사정도 모르고 해서 당분간은 고향에서 세간 기명을 팔아 가지고 노자 쓰고 나머지 얼마 안 되는 돈을 살이나 뼈를 긁어먹는 셈으로 갉아먹어 가며 있을 수밖에 없네. 그러나 이 곳은 고향과는 그래도 좀 달라서 아주 하루에 한 푼도 못 벌어서 눈뜨고 편히 굶고 앉았거나 그렇지는 않은 셈이여.

이불과 옷을 모두 팔아먹고 와서 첫째로 도무지 추워서 살 수 없네. 더군다나 병드신 늙은 어머님을 생각하면 어서 하루라도 바삐 돈을 변통하여서 덮을 것과 입을 것을 장만하여야만 할 터인데 그 역시 걱정거리의 하나일세.

아직도 여행 기분이 확 —— 풀리지 아니하여 들뜬 마음을 진정시키지 못하였으니 우선 이만한 통지 비슷한 데 그치거니와 벌써부터 이렇게 고향이 그리워서야 어떻게 앞으로 길고 긴 날을 살아갈는지 의문일세. 이 곳 사람들은 이제 처음이니깐 그렇지 조곰 지나가면 차차 관계치 않다고 하데마는 요즈음은 밤이나 낮이나 눈만 감으면 고향 꿈이 꾸어져서 도무지 괴로워 살 수 없네그려. 아 —— 과연 운명은 나의 앞길에 어떠한 장난감을 늘어놓을는지 모르겠네마는 모두를 바람과 물결에 맡길 작정일세. 직업도 얻고 어머니의 병환도 얼른 나으시게 하고 또 움집이라도 하나 마련하여 이국의 생활이나마 조금 안정이 된 다음에 서서히 모든 것을 또 알리어 드리겠네. 나도 늙은 어머니와 특히 건강을 주의하겠거니와 자네도 아무쪼록 몸을 귀중히 생각하여 언제까지라도 튼튼한 일꾼으로의 자네가 되어 주기를 바라네. 떠난 지 며칠 못 되는 오늘 어찌 다시금 만날 날을 기필할 수야 있겠나마는 운명이 전연 우리 두 사람을 버리지 않는다면 일후 또다시 반가이 만날 날이 없지도 않겠지! 한 번 더 자네의 끊임없는 건강을 빌며 또 자네의 사랑에 넘치는 글을 기다리며……친구 X로부터…….

M에게 보내는 편지(제2신)

M군! 하늘을 꾸짖고 땅을 눈 흘긴들 무슨 소용이 있겠나.

M군 M군! 어머니는 돌아가셨네. 세상에 나오신 지 오십 년에 밝은 날 하루를 보시지 못하시고 이렇다는 불평의 말씀 한 마디도 못하여 보시고 그대로 이역의 차디찬 흙 속에 길이 잠드시고 말았네. 불효한 이

자식을 원망하시며 쓰라렸던 이 세상을 저주하시며 어머님의 외롭고 불쌍한 영혼은 얼마나 이 이역 하늘에 수없이 방황하실 것인가. 죽음! 과연 죽음이라는 것이 무엇이겠나, 사람들은 얼마나 그 죽음을 무서워하며 얼마나 어렵게 알고 있나.

그러나 그 무서운 죽음, 그 어려운 죽음이라는 것이 마침내는 그렇게도 우습고 그렇게도 하잘것없이 쉬운 것이더란 말인가. 나는 이제 그 일상에 두려워하고 어렵게 여기던 죽음이라는 것이 나는 이제 그 일상에 두려워하고 어렵게 여기던 죽음이라는 것이 사람이 나기보다도 사람이 살아가기보다도 그 어느 것보다 가장 하잘것없고 가장 우스꽝스러운 것이라는 것을 잘 알았네. 오십 년 동안 기구한 목숨을 이어 오시던 어머님이 하루 아침에 그야말로 풀잎에 맺혔던 이슬과 같이 사라지고 마는 것을 보니 인생이라는 것이 그다지도 허무하더라는 것을 느낄 대로 느꼈네.

M군! 살 길을 찾아서 고향을 등지고 형제를 떨치고 친구를 버리고 이 곳으로 더듬거려 흘러온 나는 지금에 한 분밖에 아니 계시던 어머님을 잃었네그려! 내가 지금 운명의 끊임없는 장난을 저주하면 무엇을 하며, 나의 불효를 스스로 뉘우치며 한탄한들 무엇을 하며, 무상한 인세에 향하여 소리지르며 외친들 그 또한 무엇하겠나! 사는 것도 죽는 것도 모두가 허무일세. 우주에는 오직 이 허무 외에는 아무것도 없는 것일세.

한 분 어머니를 마저 잃었으니 지금에 나는 문자대로 아주 홀몸이 되고 말았네. 이제 내가 어디를 간들 무엇 내 몸을 비끄러매이는 것이 있겠으며, 나의 걸어가는 길 위에 무엇 걸리적대일 것이 있겠나? 나는 일로부터 그 날을 위한 그 날의 생활, 이러한 생활을 하여 가려고 하는 것일세. 왜? 인생에게는 다음 순간이 어찌 될지도 모르는 오직 눈앞의 허무스러운 찰나가 있을 따름일 터이니깐!

나는 지금에 한 사람의 훌륭한 숙련 직공일세. 사회에 처하여 당한 유직자일세. 고향에 있을 때 조금 배워 둔 도포업이 이 곳에 와서 끊어져 가던 나의 목숨을 이어 주네. 씌어먹을 줄 어찌 알았겠나. 지금 나는 ××조선소 건구도공부에 목줄을 매이고 있네. 급료 말인가? 하루에 일 원 오십 전, 한 달에 사십오 원. 이 한 몸뚱이가 먹고 살기에는 너무나 많은 돈이 아니겠나? 나는 남는 돈을 저금이라도 하여 보려 하였으나 인생은 허무인데 그것 무엇 그럴 필요가 있나. 언제 죽을지 아는 이 몸이라고 아주 바로 저금을 다하고, 그것 다 내게는 주제넘은 일일세. 나의 주린 창자를 채우고 남는 돈의 전부를 술과 그리고 도박으로 소비해 버리고 마는 것일세. 얻어도 술! 잃어도 술! 지금 나의 생활이 술과 도박이 없다 할진댄 그야말로 전혀 제로에 가깝다고 해도 과언이 아니겠네.

고향에도 봄이 왔겠지. 아! 고향의 봄이 한없이 그리웁네그려! 골목 골목이 '앵도저리뻿지' 장사 다니고 개천가에 달래 장사 헤매이는 고향의 봄이 그립기 한이 없네그려. 초저녁 병문에 창자를 끊는 듯한 처량한 날라리 소리, 젖빛 하늘에 떠도는 고향의 봄이 더욱 한없이 그리워 산 설고 물 설은 이 땅에도 봄은 찾아와서 지금 내가 몸을 의지하고 있는 이 움집을, 다닥다닥 붙은 산비탈도 엷은 양광에 씻기어 가며 종달새 노래에 기지개 펴고 있는 것일세. 이 때에 나는 유쾌하게 일하고 있는 것일세. 이 세상을 괴롭게 구는 봄이 밖에 왔건마는 그것은 나와는 아무 관계가 없다는 듯이 소리 높이 목청 놓아 노래 부르며 떠들며 어머님 근심도 집의 근심도 또 고향 근심도 아무것도 없이 유쾌하게 일하고 있는 것일세.

어머님이 돌아가시던 그 움집은 나의 눈으로는 보기도 싫었네. 그리하여 나는 새로이 건너온 사람에게 그 움집을 넘기고 그 곳에서 좀 뚝 떨어져서 새로이 움집을 하나 또 지었네. 그러나 그 새 움집 속에서는 누구라 나의 돌아오기를 기다리고 있겠나. 참으로 아무도 없는 것일세. 나는 일터에서 나오는 대로 밤이 깊도록 그대로 시가지를 정신 없이 헤매이다가 그야말로 잠을 자기 위하여 그 움집을 찾아들고 찾아들고 하는 것일세. 그러나 내가 거리 한 모퉁이나 공원 벤치 위에서 밤새운 것도 한두 번이 아닌 것은 말할 것도 없네.

자네는 지금 나의 찰나적으로 타락된 생활을 매도할는지도 모르겠네. 그러나 설사 자네가 나를 욕하고 꾸지람을 한다 하더라도 어찌할 수 없는 일일세. 지금 나의 심정의 참 깊은 속을 살펴 알 사람은 오직 나를 제하고 아무도 없는 것이니깐. 원컨대 자네는 너무나 나를 책망힐타만 말고서 이 —— 나의 기막힌 심정의 참 깊은 속을 조금이라도 살펴 주기를 바라네.

어머님이 돌아가신 지도 벌써 두 주일이 넘었네그려. 그 즉시로 자네에게 이 비참한 소식을 전하여 주려고도 하였으나 자네 역시 짐작할 일이겠지마는 도무지 착란된 나의 머리와 손끝으로는 도저히 한 자를 그릴 수가 없었네. 그래서 이렇게 늦은 것도 늦은 것이겠으나 아직도 나의 그 극도로 착란되었던 머리는 완전히 진정되지 못하였네. 요사이 나의 생활 현상 같아서야 사람이 사는 것이 무슨 의의가 있는 것이겠으며 또 사람이 살아야만 하겠다는 것도 무슨 까닭인지 도무지 알 수가 없네. 오직 모든 것이 우습게만 보이고 하잘것없이만 보이고 가치없어만 보이고 순간에서 순간으로 옮기는 데에만 무엇이고 있다는 의의가 조금이라도 있는 것인 듯하기만 하네. 나의 요즈음 생활은 나로서도 양심의 가책을 전연 받지 않는 것도 아닐세. 그러나 지금의 나의 어두워진 가슴에 한 줄기 조그마한 빛깔이라도 돌아올 때까지는 이러한 생활을 계속하지 아니하면 아니되겠네. 설사 이 당분간이라는 것이 나의 눈을 감는 전 순간까지를 가리키는 것이 된다 하더라도…….

어머님의 돌아가심에 대하여는 물론 영양 부족으로 말미암은 몸의 극도의 쇠약과 도에 넘치는 기한이 그 대부분의 원인이겠으나 그러나 그 직접 원인은 생전 못하여 보시던 장시간의 여행 끝에 극도로 몸과 마음의 흥분과 피로를 가져온 데다가 토질이 다른 물과 밥으로 말미암은 일종의 토질 비슷한 병에 걸리신 데 있는 것이라고 생각하네. 평소에 그다지 뛰어난 건강을 가지시었다고는 할 수 없었으나 별로 잔병치레를 하지도 아니하며 계시던 어머님이 이번에 이렇게 한 번에 힘없이 쓰러지실 줄은 참으로 꿈밖에도 생각 못하였던 바이야. 돌아가실 때에도 역시 아무 말도 아니하시고 오직 자식 낳아 길러서 남같이 호강은 못 시키나마 뼈마디가 빠지도록 고생시킨 것이 다시없이 미안하고 한이 된다는 말씀과 T를 못 보시며 돌아가시는 것이 또 한 가지 섭섭한 일이라는 말씀, 자네의 후정을 감사하시는 말씀을 하실 따름이었었네. 그리고는 그다지 몸의 고민도 없이 고요히 잠들 듯이 눈을 감으시데. 참 허무한, 그러나 생각하면 우선 눈물이 앞을 가리는 어머님의 임종이었네. 어머님의 그 말들은 아직도 그 부처님 같은 어머니를 고생시킨 이 불효의 자식의 가슴을 에이는 것 같으며 내 일생 내가 눈 감을 순간까지 어찌 그 때 그 말씀이 나의 기억에서 사라질 수가 있겠나!

나는 일로부터 자유로이 세상을 구경하며 그날 그날을 유쾌하게 살아가려고 하는 것일세. 나의 장래를 생각할 것도, 불쌍히 돌아가신 어머님을 생각할 것도 다 없다고 생각하네. 왜? 그것은 차라리 나의 못 박힌 가슴에 더없는 고통을 가져오는 것이니깐! 마음 가라앉는 대로 일간 또 자세한 말 그리운 말 적어 보내겠거니와 T도 지금에 어머님 세상 떠나가신 것도 모르고 그대로——적빈 속에 쪼들리어 가며 허덕이겠지?

또한 생각하면 가슴이 아프기 한이 없네. T에게는 곧 내가 직접 알려 줄 것이니 어머님의 세상 떠나신 데 대하여는 자네는 아무 말도 하지 말아 주게. 자네의 정에 넘치는 글을 기다리고 아울러 자네의 더없는 건강을 빌며……

친구 X로부터.

M에게 보내는 편지(제3신)

M군! 내가 자네를 그리워 한없이 적조한 날을 보내는 거와 같이 자네도 또한 나를 그리어 얼마나 적조한 날을 보냈나? 언제나 나는 자네의 끊임없는 건강을 알리우고 자네는 나의 또한 끊임없는 건강을 알리울 수 있는 것이 오직 우리 두 사람의 다시도 없는 기쁨이 아니겠나.

내가 신호를 떠나 이 곳 명고옥으로 흘러온 지도 벌써 반 년! 아—— 고향땅을 떠난 지도 벌써 꿈결 같은 삼 년이 지나갔네그려. 그 동안에 나는 무엇을 하였나. 오직 나의 청춘의 몸담은 삼 년이 속절없이 졸아들었을 따름일세그려! 신호 ××조선소 시대의 나의 생활은 그 가운데 비록 한 분 어머니를 잃은 설움이 있었다고는 하나, 그러나 가만히 생각하여 본다면 그것은 참으로 평온 무사하고 안일한 생활이었었네. 악마와 같은 이 세상에 이미 도전한 지 오래인 나로서는 이 평온 무사하고 안일한 직선 생활이 싫증이 났네. 나는 널리 흐트러져 있는 이 살벌의 항이 고루고루 보고 싶어졌네. 그리하여 그 곳에서 사귄 그 곳 친구 한 사람과 함께 이 곳 명고옥으로 뛰어온 것일세. 두 사람은 처음에 이 곳 어느 식당 '뽀이(보이)' 가 되었었네.

세상이 허무라는 이 불후의 법칙은 적용되지 아니하는 곳이 없데. 얼마 전 그의 공휴일에 일상에 사냥을 즐기는 그는 그의 친구와 함께 이 곳에서 퍽 멀리 떨어져 있는 어느 산촌으로 총을 메고 떠나갔네. 그러나 그 날 오후에 그는 그의 친구의 그릇으로 그 친구는 탄환에 맞아 산

중에서 무참히 죽고 말았네. 그 친구는 겁결에 그만 어디로 도망하였었으나 얼마 되지 아니하여 잡히었다고 하데. 일상에 쾌활하고 개방적이고 양기에 넘치던 그를 생각하며 다시 한 번 더 세상의 허무를 느낀 것일세. 그와 나의 사귐의 동안이 비록 며칠 되지는 아니하였으나 퍽 —— 마음과 뜻의 상통됨을 볼 수 있던 그를 잃은 나는 그래도 그 곳을 휙 —— 떠나지 못하고 지금은 그 식당 '헤드 쿡'이 되어 가지고 있으면서 늘 —— 그를 생각하며 어떤 때에는 이 신변의 약간의 공허까지도 느낄 적이 다 있네.

나의 지금 목줄을 매이고 있는 식당은 이름이야 '먹을 식자' 식당일세마는 그것은 먹기 위한 식당이 아니라 놀기를 위한 식당일세. 이 안에는 피아노가 놓여 있고 라디오가 있고 축음기가 몇 개씩이나 있네. 뿐만 아니라 어여쁜 여자(여급)가 이십여 명이나 있으니 이 곳 청등 그늘을 찾아드는 버러지의 무리들은 '맨해튼'과 '화이트 호스'에 신경을 마비시켜 가지고 난조의 재즈에 취하며 육향 분복한 소녀들의 붉은 입술을 보려고 모여드는 것일세. 공장의 기적이 저녁을 고할 때면 이 곳 식당은 그 광란의 두께를 열기 시작하는 것일세. 음란을 극한 노래와 광대에 가까운 춤으로 어우러지고 무르녹아서 그 날 밤 그 날 밤이 새어 가는 것일세. 이 버러지들은 사회 전반의 계급을 망라하였으니 직업이 없는 부랑아·샐러리맨·학생·노동자·신문 기자·배우·취한, 그러한 여러 가지 계급의 그들이나 그러나 촉감의 향락을 구하며 염가의 헛된 사랑을 구하러 오는 데에는 다 한결같이 일치하여 버리고 마는 것일세.

나는 밤마다 이 버러지들의 목을 축이기 위한, 신경을 마비시키기 위한 비료 거리와 마취제를 요리하기에 여념이 없는 것일세. 나는 밤새도록 이 어지러운 소음을 귀가 해어지도록 듣고 있는 것일세. 더없는 황홀과 흥분과 피로를 느끼면서 나의 육체를 노예화시켜서 그들에게 제공하고 있는 것일세. 그 피로와 긴장도 지금에 와서는 다 어느덧 면역이 되고 말았네마는!

나는 몇 번이나 나도 놀랄 만치 코웃음쳤는지 모르겠네. 나! 오늘까지나 역시 그 날의 근육을 판 그 날의 주머니를 술과 도박에 떨고 떠는 생활을 계속하여 오던 나로서 그 버러지들을 향하여, 그 소음을 향하여 코웃음을 쳤다는 말일세. 내가 시퍼런 칼을 들고 나의 손을 분주히 놀릴 때에 그들의 떠들고 날치는 것이 어떻게 그리 우습게 보이는지 몰랐네.

'무엇하러 저들은 일부러 술로 몸을 피로시키며 밤새임으로 정력을 감퇴시키기를 즐겨 할까? 무엇하러 저들의 포켓을 일부러 털어 바치러 올까?'

이것은 전면 나에게 대하여 수수께끼였네. 한편으로는 그들이 어린 애같이 보이고 철없어 보이고 불쌍한 생각까지 들어서,

'내가 왜 술을 먹었던가? 내가 왜 도박을 했던가? 내가 왜 일부러 나의 포켓을 털어 바쳤었던가?'

이렇게 지나간 이태 남짓한 나의 생활에 대하여 의심도 하며 스스로 꾸짖으며 부끄러워도 하여 보았네.

'인제야 내 마음이 아마 바른 길로 들었나 보다.'

이렇게 생각하여 보았으나,

'술을 먹지 말아야지. 도박도 고만두어야지. 돈을 모아야지. 이것이 옳을까. 아 —— 그러나 돈은 모아서 무엇하랴. 무엇에 쓰며 누구를 주랴. 또 누구를 주면 무엇하랴.'

이러한 생각이 아직도 나의 머리에 생각되어 밤마다 모여드는 그 버러지들을 나는 한없이 비웃으면서도 그래도 나는 아직 그 타락적 찰나적 생활 기분이 남아 있는지 인생에 대한 허무와 저주를 아니 느낄 수

는 없네. 그러나 이것이 나의 소생의 길일는지도 모르겠으나 때로 나의 과거 생활의 그릇됨을 느낄 적도 있으며 생에 대한 참된 의의를 조금씩이라도 알아지는 것도 같으니 이것이 나의 마음과 사상이 점점 약하여 가는 징조나 아닌가 하여 섭섭히 생각될 적도 없지 않으나 하여간 최근 나의 내적 생활 현상은 확실히 과도기를 걷고 있는 것 같으니 이 때에 아무쪼록 자네의 나를 위한 마음으로의 교시와 주저없는 편달을 바라고 기다릴 뿐일세. 이렇게 심리 상태의 정곡을 잃은 나는 요사이 무한히 번민하고 있는 것이니깐!……

직업이 직업이라 밤을 낮으로 바꾸는 생활이 처음에는 꽤 괴로운 것이었으나 지금 와서는 그것도 면역이 되어서 공휴일 같은 날 일찍 드러누우면 도리어 잠이 얼른 오지 아니하는 형편일세. 그러나 물론 이러한 생활이 건강상에 좋지 못할 것은 명백한 일이니 나로서 나의 몸의 변화를 인식하기는 좀 어려우나 일상에 창백한 얼굴빛을 가지고 있는 그 소녀들이 퍽 불쌍하여 보이네.

그러나 또 한편 밤잠은 못 잘망정 지금의 나는 한 사람의 훌륭한 쿡으로서 누구에게도 손색이 없는 것일세. 부질없는 목구멍을 이어 가기에 나는 두 가지의 획식술을 배웠구나 하는 생각을 하면 이 몸이 한없이 애처롭기도 하네! 쿡이니만큼 먹기는 누구보다도 잘 먹으며 또 이 식당 안에서는 그래 당당한 세력을 가지고 있는 것일세. 내가 몹시 쌀쌀한 사람이라 그런지 여급들도 그리 나를 사귀려고도 아니 하나 들은 즉 그들 가운데에도 퍽 고생도 많이 하고 기구한 운명에 쫓기어 온 불쌍한 사람도 많은 모양이야.

이 쿡 생활이 언제까지나 계속되겠으며 또 이 명고옥에 언제까지나 있을지는 나로서도 기필할 수 없거니와 아직은 이 쿡 생활을 그만둘 생

각도, 명고옥을 떠날 계획도 아무것도 없네. 오직 운명이 가져올 다음의 장난은 무엇인지 기다리고 있을 따름일세. 처음 신호에 닿았을 때, 그 곳 누구인가가 말한 것과 같이 날이 가고 달이 가면 차차 관계치 않으리라 하더니 참으로 요사이는 고향도 형제도 친구도 다 잊었는지 별로 이 꿈도 안 꾸어지네. 오직 자네를 그리워하는 외에는 그저 아무나 만나는 대로 허허 웃고 사는 요사이의 나의 생활은 그다지 나로 하여금 적막과 고독을 느끼게 하지도 않네. 차라리 다행으로 여길까?

이 곳은 그다지 춥지도 않으나 고향은 무던히 추우렷다. T는 요사이 어찌나 살아가며 업이가 그렇게 재주가 있어서 공부를 잘한다니 T 집안을 위해서나 널리 조선을 위해서나 또 한 번 기뻐할 일이 아니겠나? 자네의 나를 생각하여 주는 뜨거운 글을 기다리고 아울러 자네의 건강을 빌며.

X로부터

M에게 보내는 편지(제4신)

태양은 —— 언제나 물체들의 짧은 그림자를 던져 준 적이 없는 그 태양을 머리에 이고 —— 였다느니보다는 비뚜로 바라다보며 살아가는 곳이 내가 재생하기 전에 살던 곳이겠네. 태양은 정오에도 결코 물체들의 짧은 그림자를 던져 주기를 영원히 거절하여 있는 —— 물체들은 영원히 긴 그림자만을 가짐에 만족하고 있지 아니하면 아니될 —— 그만큼 북극권에 가까운 위경도의 숫자를 소유한 곳 —— 그 곳이 내가 재생하기 전에 내가 살던 참으로 꿈 같은 세계이겠네. 원시를 자랑스러운 듯이 이야기하며 하늘의 높은 것만 알았던지 법선으로만 법선으로만 이렇게 울립(울창하게 자란 모양)하여 있는 무수한 침엽수들은 백중 천중으로 포개져 있는 잎새 사이로 담황색 태양광을 황홀한 간섭 작용으로 투과시키고 있는, 잠자고 있는 듯한 광경이 내가 재생하기 전에 살던 그 나라 그 북국이 아니면 어느 곳에서도 얻어 볼 수 없는 시적 정조인 것이겠네. 오로지 지금에는 꿈 —— 꿈이라면 너무나 깊이가 깊고 잊어버리기에 너무나 감명독한 꿈으로만 나의 변화 많은 생의 한 조각답게 기억되네마는 언제나 휘발유 찌꺼기 같은 값싼 음식에 살찐 사람의 지방빛 같은 그 하늘을 내가 부득이 연상할 적마다 구름 한 점 없는 이 청천을 보고 있는 나의 개인 마음까지 지저분한 막대기로 휘저어 놓은 것 같네. 그것은 영원히 나의 마음의 흐리터분한 기억으로 조금이라도 밝은 빛을 얻어 보려고 고달파하는 나의 가엾은 노력에 최후까지 수반될 저주할 방해물인 것일세.

나의 육안의 부정확한 오차를 관대히 본다 하더라도 그것은 이십오도에는 내리지 않을 치명적 '슬로프'이었을 것일세. 그 뒷독뒷독하는 위험하기 짝이 없는 궤도 위의 바람을 쪼개고 공간을 쪼개고 맥진하는 '토로코' 위에 내 몸을 싣는다는 것은 전혀 나의 생명을 그대로 내던지려는 것과 조금도 다름없는 것일세. 이미 부정된 생을 식도라는 질긴 줄에 포박당하여 억지로 질질 끌려 가는 그들의 '살아간다는 것'은 그들의 피부와 조금도 질 것 없이 조그만치의 윤택도 없는 '짓'이 아니고 무엇이겠나. 그들의 메마른 인후를 통과하는 격렬한 공기의 진동은 모두가 창조의 신에 대한 최후적 마멸의 절규인 것일세. 그 음울한 소리를 들을 수 있는 사람은 누구나 다 —— 싫다는 것을 억지로 매질을 받아 가며 강제되는 '삶'에 대하여 필사적 항의를 드리지 않을 사람이 어디 있겠나. 오직 그들의 눈에는 천고의 백설을 머리 위에 이고 풍우로 더불어 이야기하는 연산의 봄도라지들도 한낱 악마의 우상밖에 아무것으로도 보이지 않는 것일세. 그 때에 사람의 마음은 환경의 거울이라는 것이 아니겠나.

나는 재생으로 말미암아 생에 대한 새로운 용기와 환희를 한몸에 획득한 것 같은 지금의 나로 변하여 있는 것일세. 그러기에 전세의 나를 그 혈사를 고백하기에 의외의 통쾌와 얼마의 자만까지 느끼는 것이 아니겠나. 내가 그 경사 위에서 참으로 생명을 내던지는 일을 하던 그 의식 없던 과정을 자네에게 쏟아뜨리는 것도 필연컨대 그 용기와 그 기쁨에 격려된 한 표상이 아닐까 하는 것일세.

그 때까지의 나의 생에 대한 신념은 —— 구태여 신념이 있었다고 하면 그것은 너무나 유희적이었음에 놀라지 아니할 수 없네.
'사람이 유희적으로 살 수가 있담?
결국 나는 때때로 허무 두 자를 입 밖에 헤뜨리며 거리를 왕래하는 한 개 조그마한 경멸할 '니힐리스트(허무주의자)' 였던 것일세. 생을 찾다가, 생을 부정했다가 드디어 첨으로 귀의하여야 할 나의 과정은 —— 나는 허무에 귀의하기 전에 벌써 생을 부정하였어야 될 터인데 —— 어느 때의 내가 나의 생을 부정했던가…… 집을 떠날 때! 그 때는 내가 줄기찬 힘으로 생에 매어달리지 않았던가. 그러면 어머님을 잃었을 때! 그 때 나는 어언간 무수한 허무를 입 밖에 방산시킨 뒤가 아니었던가. 그 사이! 내가 집을 떠날 때부터 어머님을 잃을 때까지 그 사이는 실로 짧은 동안…… 뿐이랴, 그 동안에 나는 생을 부정해야만 할 아무런 이유도 가지지 않았던가.

생을 부정할 아무 이유도 없이 앙감질(단족도)로 허탄히 허무를 질질 흘려 왔다는 그 회롱적 나의 과거가 부끄럽고 꾸지람하고 싶은 것일세. 회한을 느끼는 것일세.
'생을 부정할 아무 이유도 없다. 허무를 운운할 아무 이유도 없다. 힘차게 살아야만 하는 것이…….'
재생한 뒤의 나는 나의 몸과 마음에 채찍질하여 온 것일세. 누구는 말하였지.

'신에게 대한 최후의 복수는 내 몸을 사바로부터 사라뜨리는 데 있다.' 고.

그러나 나는,

'신에게 대한 최후의 복수는 부정되려는 생을 줄기차게 살아가는 데 있다.' 이렇게……

또한 신뢰와 같이 그 '슬로프'를 나려 줄이고 있는 얼마 안 되는 순간에, 어떠한 순간이었네. 내 귀에는 무서운 소리가 들려 왔어.

"X야, 뛰어내려라 죽는다……."

"네 뒤 토로가 비었다. 뛰어내려라!"

나는 거의 본능적으로 고개를 돌렸네. 과연 나의 뒤를 몇 간 안 되게까지 육박해 온 —— 반드시 조종하는 사람이 있어야만 할 그 '토로' 위에는 사람이 없는 것이었네. 나는 '브레이크'를 놓았네. 동시에 나의 '토로'도 무서운 속도로 나의 앞에 가는 '토로'를 육박하는 것이었네. 나는 '토로' 위에서 필사적으로 부르짖었네.

"야! 앞의 토로야. 브레이크를 놓아라. 충돌된다. 죽는다. 내 뒤 토로에는 사람이 없다. 브레이크를 놓아라."

그러나 앞의 '토로'는 '브레이크'를 놓을 수 없었네. 그것은 '레일'이 끝나는 종점에 거의 가까이 닿았으므로 앞의 '토로'는 도리어 '브레이크'를 눌러야만 할 필요가 있는 것이었네.

'내가 뛰어내려? 그러면 내 토로의 브레이크는 놓아진다. 그러면서 내 토로는 앞의 토로와 충돌된다. 그러면 앞의 놈은 죽는다……'

나는 뒤를 또 한 번 돌아다보았네. 얼마 전에 놀래어 '브레이크'를 놓은 나의 '토로'보다도 훨씬 먼저 '브레이크'가 놓아진 내 뒤 '토로'는 내 '토로' 이상의 가속도로 내 '토로'를 각각으로 육박해 와서 이제는 한두 간 뒤 —— 몇 초 뒤에는 내 목숨을 내어던져야 될(참으로) 충돌이 일어날 —— 그렇게 가깝게 육박해 있는 것이었네.

'뛰어내리지 아니하고 이대로 있으면 아무리 브레이크를 놓아도 나는 뒤 토로에 충돌되어 죽을 것이다. 뛰어내려? 그러면 내가 뛰어내린 빈 토로와 그 뒤를 육박하던 빈 토로는 충돌될 것이다. 다행히 선로 바깥으로 굴러 떨어지면 좋겠지만 선로 위에 그대로 조금이라도 걸쳐 놓인다면 그 뒤를 따르던 토로들은 이가 빠진 토로에 충돌되어 쓰러지고 또 그 뒤를 따르던 토로는 거기서 충돌되고, 또 그 뒤를 따르던 토로는 거기서 충돌되고, 이렇게 수없는 토로들은 뒤으로 뒤으로 충돌되어 그 위에 탔던 사람들은 죽고 다치고……'

나는 세 번째 또한 거의 본능적으로 뒤를 돌아다보았네. 그러나 다행히 넷째 '토로'부터 앞에 올 위험을 예기하였던지 '브레이크'를 벌써 눌러서 멀리 보이지는 않을 만큼 떨어져서 가만가만히 내려오고 있는 것이었네. 다만 화산의 분화를 바라보고 있는 사람의 눈초리와 같은 그러한 공포에 가득 찬 눈초리로 멀리 앞을 —— 우리들을 바라다보고 있는 것이었네. 그 때에,

'뛰어내리자. 그래야만 앞의 사람이 산다.'

내가 화살 같은 '토로'에서 발을 떼려 하는 순간 때는 이미 늦었었네. 뒤에 육박해 오던 주인 없는 '토로'는 무슨 증오가 나에게 그리 깊었던지 젖먹은 기운까지 다하는 단말마의 야수같이 나의 '토로'에 거대한 음향과 함께 충돌되고 말았네. 그 순간에 우주는 나로부터 소멸되고 다만 오랫동안의 무가 계속되었을 뿐이었다고 보고할 만치 모든 일과 물건들은 나의 정신권 내에 있지 아니하였던 것일세. 다만 재생한 후 멀리 내 '토로'의 뒤를 따르던 몇 사람으로부터 '공중에 솟았던' 나의 그 후 존재를 신화 삼아 들었을 뿐일세.

재생되던 첫 순간 나의 눈에 비친 나의 주위에 더러운 광경을 나는

자네에게 이야기하고 싶지 않네. 그것은 그런 것을 쓰고 있는 동안에 나의 마음에 혹시나 동요가 생기지나 아니할까 하는 위험스러운 의문 에서 —— 그러나 나의 주위에 있는 동무들의 참으로 근심스러워하는 표정의 얼굴들이 두 번째로 나의 눈에 비치었을 때에 의식을 잃은 나의 전 몸뚱어리에서 다만 나의 입만이 부드럽게 —— 참으로 고요히 —— 참으로 착하게 미소하는 것을 내 눈으로도 보는 것 같았었네. 나는 감 사하였네. 신에게보다도 우선 그들 동무에게 —— 감사는 영원히 신에 게 드림이 없이 그 동무들에게만 그치고 말는지도 몰라. 내 팔이 아직 도 나의 동체에 달려 있는가 만져 보려 하였으나 그 팔 자신이 벌써 전 부터 생리적으로 움직일 수 없는 것이 된 지 오래였던 모양이네. 나는 다시 그들 동무들에게 감사하며 환계 같은 꿈 속으로 깊이 빠지고 말았 네. 나는 어머니에게 좀더 값있는 참다운 삶을 살 수 있게 하지 못한 '내' 가 악마 —— 신이 아니라 —— 에게 무수히 매맞는 것을 보았네. 그리고 나는 '나' 에게 욕하였고 경멸하였네. 그리고 생에 새로운 참다 운 의의와 신에 대한 최후적 복수의 결심을 마음 속으로 깊이 암송하였 네. 그 꿈은 나의 죽은 과거와 재생 후의 나 사이에 형상지어져 있는 과 도기에 의미 깊은 꿈이었네. 하여간 이를 갈아 가며라도 살아가겠다는 악지가 나의 생에 대한 변경시키지 못할 신념이었네. 다만 나의 의미 없이 또 광명 없이 그대로 삭제되어 버린 과거 —— 나의 인생의 한 부 분을 섧게 조상하였을 따름일세.

털끝만한 인정미도 포함하고 있지 아니한 바깥에 부는 바람은 이 북 국에 장차 엄습하여 올 무서운 계절을 교활하게 예고하고 있는 것이나 아니겠나. 번개같이 스치는 지난 겨울, 이 곳에서 받은 나의 육체적 고 통의 기억의 단편들은 눈 깜빡할 사이에 무죄한 나를 전율시키는 것일 세. 이 무서운 계절이 이 나라에 찾아오기 전에 어서 이 곳을 떠나서 바람이나마 인정미 —— 비록 그러한 사람은 못 만나더라도 —— 있는 바람이 부는 곳으로 가야 할 터인데 나의 몸은 아직도 전연 부자유하게 비끄러매여 있네 —— 그것은 육체적으로나 정신적으로나 의사라는 사람은 나의 반드시 원상대로의 복구를 예언하데마는 그러나 행인지 불행인지 나는 방문 밖에서,

"절뚝발이는 아무래도 면치 못하리라."

이렇게 근심(?)하는 그들의 말소리를 들었네그려 —— 만일에 내가 그들의 이 말과 같이 참으로 절뚝발이가 되고 만다 하면 —— 나는 이 생각을 하며 내 마음이 우는 것을 느끼네.

'절뚝발이'

여태껏 내 몸 위에 뒤집어씌워져 있던 무수한 대명찰 외에 나에게는 또 이러한 새로운 대명찰 하나가 더 뒤집어지는구나 —— 어디까지라도 깜깜한 암흑에 지질러워 있는 나의 앞길을 건너다보며 영원히 나의 신변에서 없어진 등불을 원망하는 것일세. 절뚝발이도 살 수 있을까 ——절뚝발이도 살게 하는 그렇게 관대한 세계가 지상에 어느 한 귀퉁이에 있을까? 자네는 이 속타는 나의 물음 —— 아니 차라리 부르짖음에 대하여 대답할 무슨 재료, 아니 용기라도 있겠는가?

북국 생활 칠 년! 그 동안에 나는 지적으로나 덕적으로나 많은 교훈을 얻은 것만은 사실일세. 머지 않은 장래에 그 전에 나보다 확실히 더 늙은 절뚝발이의 내가 동경에 다시 나타날 것을 약속하네. 그 곳에는 그래도 조금이라도 따뜻한 나의 식어빠진 인생을 조금이라도 덥혀 줄 바람이 불 것을 꿈꾸며 줄기차게, 정말 악마까지도 나를 미워할 때까지 줄기차게 살겠다는 것도 약속하네. 재생한 나이니까 물론 과거의 일체 추상은 곱게 청산하여 버리고 박물관 내의 한 권의 역사책으로 하여 가만히 표지를 덮는 것일세. 모든 새로운 광채 찬란한 역사는 이제로부터

전개할 것일세. 하면서도,

　‘절뚝발이가?……’

　새로이 방문하여 오는 절망을 느끼면서도 아직 나는 최후까지 줄기차게 살 것을 맹세하는 것일세. 과거를 너무 지껄이는 것이 어리석은 일이라면 장래를 너무 지껄이는 것도 어리석은 일일 것일세.

　M군! 자네가 편지를 손에 들고 글자 글자를 자네 눈에 통과시킬 때, 자네 눈에 몇 방울 눈물이 있으리란 추측이 그렇게 억측일까? 그러나 감히 바란다면 ‘첫째로는 자네의 생에 대한 실망을 경계한 것이며, 둘째로는 나의 절뚝발이에 대하여 형식적 동정에 그칠 것이요, 결코 자살적 비애를 느끼지 말 것들’ 이겠네. 그것은 나의 지금 이 ‘줄기차게 살겠다는’ 무서운 고집에 조그마한 실망적 파동이라도 이끌어 올까 두려워서…… 나의 염세에 대한 결사적 투쟁은 자네의 신경을 번잡케 할 만치 되어 나아갈 것을 자네에게 약속하기를 꺼리지 아니하네. 자네의 건강을 비는 동시에 못 면할 이 절뚝발이의 또한 건강이 있기를 빌어 주기를 은근히 바라며.

X로부터.

　M에게 보내는 편지(제5신)

　자네의 장문의 편지 그 가운데에 오직 자네의 건강을 전하는 구절 외에는 글자 글자의 전부가 오직 나의 조소를 사기 위한 외에 아무 매력도 가지지 아니한 것들이었네. 자네는 왜 —— 남에게 의지하여 살아가려 하는가? 남에게 의지하여 살아간다는 것은 곧 생에 대한 권리를 그 사람 위에 가져올 자포자기의 것이라는 것을 어찌 모르는가? 일조일석에 그 많은 재물을 탕진시켜 버렸다 하여 자네는 자네 아버지를 무한히 경멸하며 나중에는 부수적으로 따라오는 절망까지 하소연하지 아니하였는가? 그것이 자네가 스스로 구실을 꾸미어 가지고 나아가서 자네의 애를 써 잘 —— 경영되어 나오던 생을 구태여 부정하여 보려는 것이 아니고 무엇이겠나? 그것은 비겁인 동시에 —— 모든 비겁이 하나도 죄악 아닌 것이 없는 것과 같이 —— 역시 죄악인 것일세.

어렵거든, 혹은 나의 말이 우의적으로 좋지 않게 들리거든 구태여라도 운명이라고 그렇게 단념하여 주게. 그것도 오직 자네에게 무한한 사랑을 받고 있는 나의 자네에 대한 무한한 사랑에서 나온 것인 만큼 나는 자네에게 인생의 혁명적으로 새로운 제이차적 '스타일'을 충고치 아니할 수 없는 것일세. 그리고 될 수만 있으면 이 운명이라는 요물을 신용치 말아 주기를 바라는 것일세 —— 이렇게 말하는 나 자신부터도 이 운명이라는 요물의 다시 없는 독신자이면서도 ——

'운명의 장난?'

하, 그런 것이 있을 수가 있나? 있다면 너무도 운명의 장난이겠네.

M군! 나는 그 동안 여러 날을 두고 몹시 앓았네. 무슨 원인인지 나도 모르게, 이 —— 원인 알 수 없는 병이 나의 몸을 산 채로는 더 삶을 수 없는 데까지 삶아 가지고는 죽음의 출입구까지 이끌어 갔던 것일세. 그 때에 나의 곱게 청산하여 버렸던 나의 정신 어느 모에도 남아 있지 않아야만 할 재생하기 전에 일어났던 일까지도 재생 후의 그것과 함께, 즉 단열로 나의 의식 앞을 천천히 지나가고 있는 것이었네. 그리고 나는 반 의식의 나의 눈으로 그 행렬 가운데서 숨차게 허덕이던 과거의 나를 물끄러미 바라다보고 있던 것이었네. 그것은 내 눈에 너무도 불쌍한 꼴로 나타났기 때문에 아 —— 그것들은 ——

'이것이 죽은 것인가 보다. 적어도 죽어 가는 것인가 보다.'

이렇게 몽롱히 느끼면서도

'죽는 것이 이렇기만 하다면야.'

이런 생각도 나서 일종의 통쾌까지도 느낀 것 같으며 그러나 죽어 가는 나의 눈에 비치는 과거의 나의 모양, 그 불쌍한 꼴을 보는 것은 확실히 슬픈 일일 뿐 아니라 고통이었네. 어쨌든 나를 간호하던 이 집 주인의 말에 의하면 무엇 나는 잠을 자면서도 늘 —— 울고 있더라던가……

'이것이 죽는 것이라면——'

이렇게 그 —— 꼴사나운 행렬을 바라보던 나의 머리 가운데에는 내가 사랑에 주려 있는 형제와 옛 친구를 애걸하듯이 그리며 그 행렬 가운데에 행여나 나타나기를 무한히 기다렸던 것일세. 이 마음이 아마 어떤 시인이 병석에서 부른——,

'얼른 이 때 옛 친구 한 번씩 모두 만나 둘 거나.'

하던 그 시경에 노는 것이나 아닌가 하였네.

순전한 하숙이라고만 볼 수도 없으나 그러나 괴상한 성격을 각각 가진 사람들이 많이 모여 있는 지금의 나의 사는 곳일세. 이 곳 주인은 나보다 퍽 연배에 속하는 사람으로 그의 일상 생활 양으로 보아 나의 마음을 끄는 바가 적지 않았으되 자세한 것은 더 자세히 안 다음에 써 보내겠거니와 하여간 내가 고국을 떠나 자네와 눈물로 작별한 후로 처음으로 만난 가장 친한 친구의 한 사람으로 사귀고 있는 것일세. 그와 나는 깊이깊이 인생을 이야기하였으며 나는 그의 말과 인격과 그리고 그의 생애에 많은 경의로써 대하고 있는 중일세.

운명의 악희가 내게 끼칠 '프로그램'은 아직도 다하지 아니하였던지 나는 그 죽음의 출입구까지 다녀온 병석으로부터 다시 일어났네. 생각하면 그 동안에 내가 흘린 '땀'만 해도 말로 계산할 듯하니 다시금 푹 젖은 요 바닥을 내려다보며 이 몸의 하잘것없는 것을 탄식하여 마지않앗으며 피비린 냄새 나는 눈방울을 달음박질시켜 가며 불려 놓았던 나의 '포켓'은 이번 병으로 말미암아 많이 줄어들었네. 그러나 병석에서도 나의 먹을 것의 걱정으로 말미암아 나의 그 '포켓'을 건드리게 되기는 주인의 동정이 너무나 컸던 것일세. 지금도 그의 동정을 받고 있을 뿐이야. 앞으로도 깊이 그의 동정을 받지 않으리라고는 단언할 수 없으며,

'돈을 모아 볼까.'

내가 줄기차게 살아 보겠다는 결심으로 모은 돈을 남의 동정을 받아 가면서도 쓰기를 아까워하는 나의 마음의 추한 것을 새삼스러이 발견하는 것 같아서 불유쾌하기 짝이 없네. 동시에 나의 마음이 잘못하면 허무주의에 돌아가지나 아니할까 하여 무한히 경계도 하고 있었네.

M군! 웃지 말아 주게. 나는 그 동안에 의학 공부를 시작하였네. 그것은 내가 전부터 그 방면에 취미가 있었다는 것도 속일 수 없는 일이겠으나 또 의사인 자네를 따라가고 싶은 가엾은 마음에서 그리 한 것이라고 말하고 싶은 것도 속일 수 없는 일이겠네. 모든 것이 다 —— 그 ——줄기차게 살아가겠다는 가엾은 악지에서 나온 짓이라는 것을 생각하고 부드러운 미소로 칭찬하여 주기를 바라는 것일세. 또다시 생각하면 나의 몸이 불구자이므로 세상에 많은 불구자를 동정하고자 하는 마음에서 그러는 것인지도 모르겠으나 내가 불구자인 것이 사실인 만큼 내가 의학 공부를 시작한 것도 자네에게는 너무나 돌연적이겠으나 역시 사실인 것을 어찌 하겠나. 여기에도 나는 주인의 많은 도움을 받아 오는 것을 말하여 두거니와 하여간 이 새로운 나의 노력이 나의 앞길에 또 어떠한 운명을 늘어놓도록 만드는지 아직은 수수께끼에 붙일 수밖에 없네.

불쌍한 의문에 싸였던 그 '정말 절뚝발이가 될는지'도 끝끝내는 한 개의 완전한 절뚝발이로 울면서 하던 예언에 어기지 않은 채 다시금 동

경 시가에 나타났네그려! 오고가는 사람이 이 가엾은 '인생의 패배자' 절뚝발이를 누구나 비웃지 않고는 맞고 보내지 아니하는 것을 설워하는 불유쾌한 마음이 나는 아무리 용기를 내어 보았으나 소제시킬 수가 없이 뿌리 깊이 박혀 있네그려.

　'영원한 절뚝발이, 그러나 절뚝발이의 무서운 힘을 보여 줄 걸, 자세
　히 보아라.'

　이 곳에서도 원한과 울분에 짖는 단말마의 전율할 신에 대한 복수의 맹세를 볼 수 있는 것일세. 내 몸이 이렇게 악지를 쓸 때에 나는 스스로 내 몸을 돌아다보며 한없는 연민과 고독을 느끼는 것일세. 물에 빠져 애쓰는 사람의 목이 수면 위에 솟았을 때 그의 눈이 사면의 무변 대해임을 바라보고 절망하는 듯한 일을 나는 우는 것일세. 그 때마다 가장 세상에 마음을 주어 가까운 사람에게 둘러싸여 따뜻한 이불 속에 고요히 누워서 그들과 또 나의 미소를 서로 교환하는 그러한 안일한 생활이 하루바삐 실현되기를 무한히 꿈꾸고 있는 것일세. 그것은 즉시로 내 몸을 깊은 '느스탤지어'에 빠뜨려서는 고향을 꿈꾸게 하고 친구를 꿈꾸게 하고 육친과 형제를 꿈꾸게 하도록 표상되는 것일세. 나는 가벼운 고통 가운데에도 눈물겨운 향수의 쾌감을 눈 감고 가만히 느끼는 것일세.

　명고옥의 쿡 생활 이후로 전전 유랑의 칠 년 동안 한 번도 거울을 들여다본 적이 없던 나는 절뚝발이로 동경에 돌아와서 처음으로 거울에 비치는 나의 모양이 나로서도 놀라지 않을 수 없을 만치 그렇게도 무섭게 변한 데에 '악!' 소리를 지르지 아니할 수 없었네. 그것은 청춘 ―― 뿐이랴, 인생의 대부분을 박탈당한 썩어 찌그러진 흠집 투성이의 값없는 골동품인 나였던 것일세.

　그 때에도 나는 또한 나의 동체를 꽉 차서 치밀어올라오는 무거운 '피스톤'에 눌리는 듯한 절망에 빠졌었네. 그러나 즉시 그것은 나에게

아무것도 아니라는 것을 가르쳐 주며 이 패배의 인간을 위로하며 격려하여 주데.

그 때에,

'그러면 M군도, 아차, T도!'

이런 생각이 암행 열차같이 나의 허리를 스쳐갔네. 별안간 자네의 얼굴이 보고 싶어서 환등을 보는 어린아이의,

'무엇이 나올까.'

하는 못생긴 생각에 가득 찼네. 그래서 나도 자네에게 나의 근영(최근 사진)을 한 장 보내거니와 자네도 나의 환등을 보는 어린아이 같은 마음을 생각하여 자네의 최근 사진을 한 장 보내 주기를 바라네. 물론 서로 만나보았으면 그 위에 더 시원하고 반가울 일이 있겠나마는 기필치 못할 우리의 운명은 지금도 자네와 나, 두 사람의 만날 수 있는 아무 방책도 가르쳐 주지 않네그려!

내가 주인에게 그만큼 나의 마음을 붙일 수까지 있었느니만큼 아직 나는 아무 데로도 옮길 생각은 없네. 지금 생각 같아서는 앞으로 얼마든지 이 곳에 있을 것 같으니까 나에게 결정적 변동이 없는 한 자네는 안심하고 이 곳으로 편지하여 주기를 바라네. T는 요즈음 어떠한가? 여전히 적빈에 심신을 쪼들리고 있다 하니 그도 한 운명에 맡길 수밖에 없지 않겠나.

나의 안부 잘 전하여 주게. 내가 집을 떠나 십 년 동안 T에게 한 장 편지를 직접 부치지 아니한 데 대하여서는 —— 나의 마음 가운데에 털 끝만치라도 T에게 악의가 있지 아니한 것은 물론 자네가 잘 알고 있으니깐 —— 자네의 사진이 오기를 기다리며, 또 자네의 여전한 건강을 빌며 —— 영원한 절뚝발이 X로부터.

3

벗어나려고 애쓰는 환경일수록 그 환경은 그 사람에게 매어달려 벗어나지를 않는 것이다. T가 아무리 그 적빈을 벗어나려고 애써 왔으나 형과 갈린 지 십유여 년인 오늘까지도 역시 그 적빈을 면할 수는 없었다. 아버지의 불의의 실패가 있기 전까지는 그래도 그 곳에서는 상당히 물적으로 유족한 생활을 하고 있던 M군의 호의로 T가 결정적 직업을 가지게 되지 못하였었다 할진댄 세상에서 —— 더욱이 가난한 사람은 더욱 가난해지지 않으면 안 되게 변하여 가는 세상에서 T의 가족들은 그날 그날의 목을 축일 것으로 말미암아, 더욱이나 그들의 머리를 식히지 않을 수 없었을 것이다. 그러나 다행이 위험성 적은 생계를 경영해 나아간다고는 하여도 역시 가난 그것을 한 껍데기도 면치 못한 것은 말할 것도 없다. 행인지 불행인지 T의 아내는 '업' 이 하나를 낳은 뒤로는 사나이도 계집아이도 낳지 못하였다. 그리하여 T의 가정은 쓸쓸하였다. 그러나 다만 세 식구밖에 안 되는 간단한 가정으로도 그 때나 이 때나 존재하여 왔던 것이다.

적빈 가운데에서 출생한 업이가 반드시 못났으리라고 추측한다면 그것은 전연 사실과 반대되는 추측일 것이다. 업이는 그 아버지 T에게서도, 또 그 외에 그 가족의 누구에서도 찾아볼 수 없을 만치 영리하고 예민한 재질과 풍부한 두뇌의 소유자로 태어났던 것이다. 과연 업이는 어려서부터 간기(간질병)로 죽을 뻔하면서 겨우 살아났다. 그러나 지금에는 건강한 몸이 되었다. T의 적빈한 가정에는 그들에게 다시없는 위안거리였고 자랑거리였었다. T의 부처는 업이가 어려서부터 죽을 것을 근근히 살려 왔다는 이유로도, 또 남의 자식보다 잘나고 똑똑하다는 이유로도, 그 가정의 자랑거리라는 이유로도 그 아들의 덕을 보겠다는 이유로도, 그들의 줄 수 있는 최절정의 사랑을 업에게 바쳐 왔던 것이다.

양육의 방침이 그 양육되는 아이의 성격의 거의 전부를 결정한다면 교육의 방침도 또한 그의 성격에 적지 아니한 관계를 끼칠 것이다. 업이는 적빈한 가정에 태어났으나 또한 M군의 호의로 받을 만큼의 계제적 교육을 받아 왔다. 좋은 두뇌의 소유자인 업에게 대하여 이 교육은 효과 없지 않을 뿐이랴! 무엇에든지 그는 남보다 먼저 당할 줄 알고, 남보다 일찍 알 줄 알고 남보다 일찍 느낄 줄 아는 혁혁한 공적을 이루었다. M군이 해외에 있는 그 친구에게 보내는 편지마다 자기의 공로를 자랑하는 의미를 떠난 더없는 칭찬도 칭찬이었거니와 학교 선생이나 그들 주위의 사람들은 누구나 다 최고의 칭찬하기를 아끼지 아니하여 왔던 것이다. T에게는 이것이 몸에 넘치는 광영인 것은 물론이요, 그러므로 업이는 T의 둘도 없는 자랑거리요 보물이었던 것이다.

'훌륭한 아들을 가진 사람'

이와 같은 말을 들은 T로 하여금 업을 위하여야 하는 것은 물론이요, 이와 같은 말을 영구히 받기 위하여서는 업이를 T의 상전으로 위하게까지 시켰다. 너무 과도한 칭찬의 말은 T에게 기쁨을 줄 뿐 아니라 T에게 또한 무거운 책임도 주는 것이었다.

'이 아들을 위해야 한다.'

업을 소유한 아버지의 T씨가 아니었고 T가 씨를 소유한 아들이었던 것이다. 업은 T씨가 가장 그 책임을 다하여만 하고 그 충실을 다하여만 할 T씨의 주인인 것이었다. T씨는 업이 그 어머니의 뱃속을 하직하던 날부터 오늘까지 성난 손으로 업을 때려 본 일이 한 번도 없었을 뿐만 아니라 변한 어조로 꾸지람 한 마디 못하여 본 채로 왔던 것이다.

'내가 지금은 이렇게 가난하지만 저것이 자라서 훌륭하게 되는 날에는 나는 저것의 덕을 보리라.'

다만 하루라도 바삐 업이 학업을 마치기만, 그리하여 하루라도 바삐 훌륭한 사람이 되어지기만 한없이 기다리던 것이었다. 비록 업이 여하

한 괴상한 행동에 나아가더라도 T씨는,

　'저것도 다 공부에 소용되는 일이겠지.'

하고 업이 활동 사진 배우의 '푸로마이트'를 사다가 그의 방벽에다가 죽 붙여 놓아도 그것이 무엇이냐고 업에게도 M군에게도 묻지도 아니하고 그저 이렇게만 생각하여 버리고 고만두는 것이었다. 더욱이 무식한 T씨로서는 그런 것을 물어 보거나 혹시 잘못하는 듯한 점에 대하여 충고라도 하여 보거나 하는 것은 필요 없는 간섭같이 생각되어 전혀 입을 내어밀기를 주저하여 왔던 것이다. 언제나 T씨는 업의 동정을 살펴 가며 업이가 T씨 밑에서 사는 것이 아니라 T씨가 업의 밑에서 사는 것과 같은 모순에 가까운 상태에서 그날 그날을 살아왔던 것이다.

　이런 때에 선천적 성격이라는 것은 의문이 많은 것이다. 사람의 성격은 외래의 자극, 환경에 따라 형성지어지는 것이라는 결론에 도달치 아니할 수 없는 것이다. 이와 같은 교육 방침 밑에 있는, 또 이와 같은 환경에서 자라나는 업의 성격이 그가 태어난 가정의 적빈함에 반대로 교만하기 짝이 없고 방종하기 짝이 없는 업을 형성할 것은 물론임에 오류를 발견할 수 없을 것이다. 업은 자기 주위의 모든 사람을 보기를 모두 자기 아버지 T씨와 같이 보는 것이었다. 자기의 말을 T씨가 잘 들어 주듯이 세상 사람도 그렇게 희생적으로 자기의 말에 전연 노예적으로 굴종할 것이라고 믿는 것이었다. 자기를 호위하여 주리라고 믿는 것이었다. 업의 걷잡을 수도 없는 공상은 천마가 공중을 가는 것과 같이 자유롭게 구사되어 왔던 것이다.

　'햄릿'의 '유령', '올리브'의 '감람수의 방향', '브로드웨이'의 '경종', '맘모톨'의 '리젤', '오페라' 좌의 '화문천정' —— 이렇게.

　허영! 그것들은 뒤가 뒤를 물고 환상에 젖은 그의 머리를 끊이지 아니하고 지나가는 것이었다. 방종·허영·타락, 이것은 영리한 두뇌의 소유자인 업이라도 반드시 걸어야만 할 과정이 아닐까? 그들의 가정이

만들어 내인, 그들의 교육 방침이 만들어 내인, 그러나 엉뚱한 결과를 가져오게 한 예기 못한 기적. 업은 과연 지금에 그의 가정에 혜성같이 나타난 한 기적적 존재인 것이었다.

4

M군은 실망하였다. 업은 아무리 생각하여 보아도 '마이너스'의 존재였다.

'저런 사람이 필요할까? 아니 있어도 좋을까?'

그러나 '유해무익' 이라는 참을 수 없는 결론이었다.

'가지가 돋고 꽃이 피기 전에 일찍이 그 순을 잘라 버리는 것이 낫지 않을까?'

M군에게 대하여서는 너무도 악착한 착상이었다. 그리하여,

'다시 한 번 업의 전도를 위하여 잘 지도하여 볼까.'

그러나

'한 사람의 사상은 반응키 어려울 만치 완성되어 있지 않은가. 뿐만 아니라 설복을 당하기에는 업의 이지는 너무 까다롭다.'

M군의 업에게 대한 애착은 근본적으로 다하여 버렸다. M군의 이러한 정신적 실망의 반면에는 물질적 방면에서 받은 영향도 적지 아니하였다. 그것은 오늘날까지 업의 학비를 대어 오던 M군이 수년 전에 그의 아버지가 불의의 액운으로 말미암아 파산을 당하다시피 되어 유유자적하던 연구실의 생활도 더 하지 못하고 어느 관립 병원 촉탁의가 되어 가지고 온갖 물질적 고통을 당하지 않으면 아니되게 되었던 것이다. 그간으로도 M군은 여러 번이나 업의 학비를 대이기를 단념하려 하였던 것이었으나, 그러나 아직 그의 업에 대한 실망이 그리 크지도 아니하였고 또 싹이 나려는 아름다운 싹을 그대로 꺾어 버리는 것도 같아서

어딘지 애착 때문에 매어달려지는 미련에 끌리어 그럭저럭 오늘까지 끌어왔던 것이었으나 지금에 이르러서는 그의 업에 대한 애착과 미련도 곱게 어디론지 다 사라지고 말았다. 그렇기 때문에 이 물질적 관계가 그로 하여금 업을 단념시키기를 더욱 쉽게 하였던 것이나 아니었던가 한다.

"업이! 이번 봄은 벌써 업이 졸업일세그려!"

"네 —— 구속 많고 귀찮던 중학 생활도 이렇게 끝나려 하고 보니 섭섭한 생각이 없는 것도 아닙니다."

"그러면 졸업 후의 지망은?"

"음악 학교! ——"

그래도 주저하던 단념은 M군을 결정시켜 버렸다.

"업이 자네도 잘 알다시피 지금의 나는 나 한 몸뚱이를 지지해 나아가기에도 어려운 가운데 있어! 음악 학교의 뒤를 대어 줄 수가 없다는 것은 결코 악의가 아니야. 나의 지금 생각 같아서는 천재의 순을 꺾는 것도 같으나 이제부터는 이만큼이라도 자네를 길러 주신 가난한 자네의 부모의 은혜라도 갚아 보는 것이 좋을 것 같네."

이 말을 하는 M군은 도저히 업의 얼굴을 쳐다볼 수가 없었다. M군의 이와 같은 소극적 약점은 업으로 하여금,

'오 —— 네 은혜를 갚으란 말이로구나.'

하는 부적당한 분개를 불지르게 하는 것이었다. 그러나 이렇게 말하는 M군은 언제인가 학교 무슨 회에서 여흥으로 만인의 이목이 집중되는 연단 위에서 '바이올린'의 줄을 농락하던 그 업이를 생각하고 섭섭히 생각한 것만치 그에게는 조금도 악의가 품어 있지 아니하였던 것이다. M군의 업에 대한 '내 몸이 어렵더라도 시켜 보려 하였으나.' 하던 실망은 즉시로 '나를 미워하는 세상, 내 마음대로 되지 않는 세상.' 하는 업의 실망으로 옮겨졌다.

'내 생명을 꺾으려는 세상, 활동의 원동력을 주려 하지 않는 세상.'

'M씨여, 당신은 나를 미워했지. 나의 천재를 시기했지. 나는 당신을 원망합니다.'

어두운 거리를 수없이 헤매이는 것이, 여항의 천한 계집과 씩뚝꺽뚝 하소연하는 것이, 남의 집 담 모퉁이에서 밤을 새우는 것이, 공원 '벤치'에서 낮잠을 자는 것이, 때때로 죽어 가는 T씨를 졸라서 몇 푼의 돈을 긁어 내어 피부의 옅은 환락을 찾아다니는 것이 중학을 마치고 나온 청소년 업의 그 후 생활이었다.

나날이 늘어 가는 것은 업의 교만 방종한 태도.

"아버지! 아버지는 왜 다른 아버지들과 같이 돈을 많이 좀 못 벌었습디까? 왜 남같이 자식 공부 좀 못 시켜 줍니까? 왜 남같이 자식 호강 좀 못 시켜 줍니까? 왜 돋으려는 순을 꺾느냐는 말이오."

'아버지 무섭다.'는 생각은 업에게 털끝만치도 있을 리가 없었다. 그 것은 차라리 T씨가 아들 업이를 무서워하는 것이 옳을 것 같은 상태였었으니까.

"오냐, 다 —— 내 죄다. 그저 아비 못 만난 탓이다."

T씨는 이렇게 업에게 비는 것이었다.

'애비가 자식 호강 못 시키는 생각만 하고, 자식이 애비 호강 좀 시켜 보겠다는 생각은 꿈에도 못하겠니? 에끼, 못된 자식.'

T씨에게 이런 생각은 참으로 꿈에도 날 수 없었다. '천재를 썩힌다. 애비의 죄다.' 이렇게 T씨의 생활은 속죄의 생활이었다. 그 날의 밥을 끓여 먹을 쌀을 걱정하는 그들의 살림 가운데에서였으나, 업의 '돈을 내라.'는 절대한 명령에는 쌀 판 돈이고 전당을 잡혀서이고 그 당장에 내어놓지 않고는 죽을 것같이만 알고 있는 T씨의 살림이었다. 차마 못 할 야료를 T씨의 눈앞에서 거리낌없이 연출하더라도, 며칠 밤씩을 못 갈 데 가서 자고 들어오는 것을 T씨 눈으로 보면서도,

'저것의 심정을 살핀다.'는 듯이,

'미안하다. 다 내 죄가 아니면 무엇이냐.'는 듯이 업의 앞에서 머리를 숙인 채 업에게 말 한 마디 던져 볼 용기도 없이 마치 무슨 큰 죄나 진 종이 주인의 얼굴을 차마 못 쳐다보는 것과 같이 묵묵히 앉아 있는 것이었다. 때로는,

'해외의 형은 어쩌면 돈도 좀 보내 주지 않는담.'

이렇게 얼토당토 않은 그 형을 원망도 하여 보는 것이었다. T씨의 아들 업에 대한 이와 같은 죽은 쥐 같은 태도는 업의 그 교만 종횡한 잔인성을 더욱더욱 조장시키는 촉진제 외에는 아무것도 아니었다. 업에 실망한 M군과 M군에 실망한 업의 사이가 멀어져 감은 물론이요, 그러한 불합리한 T씨의 태도에 불만을 가득 가진 M군과 자기 아들에게 주던 사람을 일조에 집어던진 가증한 M군을 원망하는 T씨의 사이도 점점 멀어져 갈 따름이었다. 다만 해외에 방랑하는 그의 소식을 직접 듣는 M군이 그의 안부를 전하는 동시에 그들의 안부를 알려 T씨의 집을 이따금 방문하는 외에는 그들 사이에 오고감의 필요가 전혀 없던 것이었다.

M에게 보내는 편지(제6신)

두 달! 그것은 무궁한 우주의 연령으로 볼 때에 얼마나 짧은 것일까? 그러나 자네와 나 사이에 가로질렀던 그 두 달이야말로 나는 자네의 죽음까지도 우려하고 자네는 나의 죽음까지도 우려하였음직한 추측이 오측이 아닌 것이 분명할 만치 그렇게도 초조와 근심에 넘치는 길고 긴 두 달이 아니었겠나. 자네와 나의 그 우려, 그러나 내가 이 글을 쓰며 자네의 틀림없는 건강을 믿는 것과 같이 나는 다시없는 건강의 주인으로서 나의 경력이 허락하는 한도까지 밤과 낮으로 힘차게 일하고 있는 것일세.

M군! 나의 이 끊임없는 건강을 자네에게 전하는 기쁨과 아울러 머지

아니하여 우리 두 사람이 얼굴과 얼굴을 서로 만나겠다는 기쁨을 또한 전하는 것일세.

　우스운 말이나 지금쯤 참으로 노련한 한 사람의 의학사로 완성되어 있겠지. 그 노련한 의학사를 멀리 떨어져 나의 요즈음 열심히 하여 오던 의학의 공부가 지금에는 겨우 얼간 의사 하나를 만들어 놓았다는 것은 그 무슨 희극적 대조이겠나. 이것은 이 곳 친구의 직접의 원조도 원조이었겠지만, 또 한편으로 멀리 있는 자네의 나에게 대하여 주는 끊임없는 사랑의 덕이 그 대부분이겠다고 믿으며 또한 자네가 더 한층이나 반가워할 줄 믿는 소식이겠다고도 믿는 것일세. 내가 고국에 돌아간 다음에는 자네는 나의 이 약한 손을 이끌어 그 길을 함께 걸어 주겠다는 것을 약속하여 주기를 바라 마지않는 것일세.

　오늘날 꿈에만 그리던 고국으로 돌아가려 하고 보니 감개무궁하여 나의 가슴을 어지럽게 하네. 십유여 년의 기나긴 방랑 생활에서 내가 얻은 것이 무엇인가? 한 분 어머니를 잃었네. 그리고 절뚝발이가 되었네. 글 한 자 못 배웠네. 돈 한 푼 못 벌었네. 사람다운 일 하나 못 하여 놓았네. 오직 누추한 꿈 속에서 나의 몸서리칠 청춘을 일생의 중요한 부분을 삭제당하기를 그저 달게 받아 왔을 따름일세. 차인잔고가 무엇인가, 무슨 낯으로 고향 땅을 밟으며 무슨 낯으로 형제의 낯을 대하며 무슨 낯으로 고향 친구의 낯을 대할 것인가? 오직 회한, 차인잔고가 있다고 하면 오직 이 회한의 한 뭉텅이가 있을 따름이 아니겠나? 그러나 다시 생각하고 나는 가벼운 한숨으로써 나의 괴로운 마음을 안심시키는 것이나 그렇게 부끄러워야만 할 고향 땅에는 지금쯤은 나의 얼굴, 아니 나의 이름이나마 기억할 수 있는 사람의 한 사람조차도 있지 아니할 것일 뿐이랴. 그 곳에는 이 인생의 패배자인 나의 마음으로써 반가

이 맞아 줄 자네 M군이 있을 것이요, 육친의 형제 T가 있을 것이므로 일세. 이 기쁨으로 나는 나의 마음에 용기를 내이게 하여 몽매에도 그리던 고향의 흙을 밟으려 하는 것일세.

근 삼 년 동안이나 마음과 몸의 안정을 가지고 머물러 있는 이 곳의 주인은 내가 자네와 작별한 후에 자네에게 주었던 만큼의 우정을 아끼지 아니한 그렇게 친한 친구가 되어 있다는 말을 자네에게 전한 것을 자네는 잊지 아니하였을 줄 믿네. 피차에 흉금을 놓은 두 사람은 주객의 굴레를 일찍이 벗어난, 그리하여 외로운 그와 외로운 나는 적적한(비록 사람은 많으나) 이 집 안에 단 두 사람의 가족이 되었네. 이렇게 그에게 그의 가족이 없는 것은 물론이나 이만한 여관 외에 처처에 상당한 건물들을 그의 소유로 가지고 있는 꽤 있는 그일세.

나로서 들어 아는 바 그의 과거가 비풍참우(비참한 인생)의 혈사를 이 곳에 나열하면 무엇하겠나마는 과연 그는 문자대로 고독한 낭인일세. 그러나 그의 친구들의 간곡한 권고와 때로는 나의 마음으로의 권고가 있음에도 불구하고 그는 결코 아내를 취하지 아니하는 것일세.

"돈도 그만큼 모았고 나이도 저만큼 되었으니 장차의 길고 긴 노후의 날을 의지할, 신변의 고적을 위로할 해로가 있어야 아니하겠소?"

"하, 그것은 전혀 내 마음을 몰라 주는 말이오."

일상의 내가 나의 객의에 고적을 그에게 하소연할 때면 그는 도리어 나를 부러워하며 자기 신변의 고적과 공허를 나에게 하소연하는 것일세. 그러면서도 그는 결코 아내를 얻지 아니하겠다 하며 그렇다고 허튼 여자를 함부로 대하거나 하는 일도 결코 없는 것일세.

'그러면 그가 여자에 대하여 무슨 갖지 못할 깊은 원한이나 있는 것이 아닐까.' 하는 선입 관념을 가진 눈으로 보아서 그런지 그는 남자에게는 어떤 사람에게든지 친절하게 하면서도 여자에게는 어떤 사람에게든지 냉정하기 짝이 없는 것일세. 예를 들면 이 집 여중들에게 하는 그의 태도는 학대, 냉정, 잔인, 그것일세.

나는 때로

"너무 그러지 마오, 가엾으니."

"여자니깐."

그는 언제나 이렇게 대답할 뿐이었네. 그의 이 수수께끼의 대답은 나의 의아를 점점 깊게만 하는 것이었네. 하루는 조용한 밤, 두 사람은 또 한 떫은 차를 마셔 가며 세상 이야기를 하고 있었네. 그 끝에,

"여자에 관련된, 남에게 말 못할 무슨 비밀의 과거가 있소?"

"있소! 있되 깊소!"

"내게 들려 줄 수 없소?"

"그것은 남에게 이야기할 필요도 이유도 전혀 없는 것이오. 오직 신이 그것을 알고 있을 따름이어야만 할 것이오. 그것은 내가 눈을 감고 내 그림자가 지상에서 사라지는 동시에 사라져야만 할 따름이오."

나는 물론 그에게 질기게 더 묻지 아니하였네. 그의 그림자와 함께 사라질 비밀이 무엇인지는 모르겠으나 쾌활한 기상의 주인인 그는 또한 남다른 개성의 소유자인 것일세.

그는 나보다 십여 세 맏일세. 그의 나이에 겨누어 너무 과다하다 할 만치 많이 난 그의 흰 머리털은 나로 하여금 공경하는 마음을 가지게 하네. 또한 동시에 그의 풍파 많은 과거를 웅변으로 이야기하고 있는 것도 같으니 그와 같은 그가 나를 사귀어 주기를 동년배의 터놓은 사이의 우의로써 하여 주니 내가 나의 방랑 생활에 있어서 참으로 나의 '희노애락'을 바꿀 수 있는 사람은 오직 그뿐이라고 어찌 말하지 않겠나? 그와 나는 구구한, 그야말로 경제 문제를 벗어난 가족 —— 그가 지금에 경영하고 있는 여관은 그와 내가 주객의 사이는커녕 누가 주인인지

도 모르게 차라리 어떤 때에는 내가 주인 노릇을 하게끔 되는, 말하자면 공동 경영 아래에 있는 것과 같은 그와 나 사이인 것일세. 그의 장부는 나의 장부이었고, 그의 금고는 나의 금고이었고, 그의 채권과 채무는 나의 채권과 채무인 것이었네. 그와 나의 모 —— 든 행동은 그와 내가 목적을 같이한, 영향을 같이한 그와 나의 행동들이었네. 참으로 그와 내가 서로 믿음은 마치 한 들보를 떠받치고 있는 양편 두 개의 기둥이 서로 믿지 아니하면 아니 되는 사이와도 같은 것이었네.

이와 같은 기쁜 소식만을 나열하고 있던 나는 지금 돌연히 그가 세상을 떠났다는 슬픈 소식을 자네에게 전하지 않을 수 없는 운명에 조우된 지 오래인 것을 말하네. 나와 만난 후 삼 년에 가까운 동안뿐 아니라 그의 말에 의하면 그 이전에도 몸살이나 감기 한 번도 앓아 본 적이 없는 퍽 건강한 몸의 주인이던 그가 졸지에 이렇게 쓰러졌다는 것은 그와 오랫동안 같이 있던 나로서는 더욱이나 의외인 것이었네. 한 이삼 일을 앓는 동안에는 신열이 좀 있다 하더니 내가 옆에 앉아 있는 앞에서 고요히 잠자는 듯이 갔네.

'사람 없는 벌판에서 별을 쳐다보며 죽을 줄 안 내 몸이 오늘 이렇게 편안한 자리에 누워서 당신의 서러운 간호를 받아 가며 세상을 떠나니 기쁘오. 당신의 은혜는 명도에 가서 반드시 갚을 것을 약속하오 —— 이 집과 내 가진 물건의 얼마 안 되는 것을 당신에게 맡기기로 수속까지 다 되어 있으니 가는 사람의 마음이라 가엾이 생각하여 맡아 주기를 바라고 아무쪼록 그것을 가지고 고향에 돌아가 형제 친구들과 함께 기쁘게 살아 주기를 바라오. 내가 이렇게 하잘것없이 갈 줄은 나도 몰랐소. 그러나 그것도 다 —— 내가 나의 과거에 받은 그 뼈살에 지나치는 고생의 열매가 도진 때문인 줄 아오. 나를 보내는 그대도 외롭겠소마는 그대를 두고 가는 나는 사바에 살아 꿈즉이던 날들보

다도 한층이나 외로울 것 같소!'

이렇게 쓰디쓴 몇 마디를 남겨 놓고 그는 갔네. 그 후 그의 장사도 치른 지 며칠째 되는 날, 나는 그의 일상 쓰던 책상 속에서 위의 말들과 같은 의미의 유서, 그리고 문서들을 찾아 내었네.

이제 이것이 나에게 기쁜 일일까, 그렇지 아니하면 슬픈 일일까, 나는 그 어느 것이라고도 말하기를 주저하는 것일세.

내가 그의 생전에 그와 내가 주고받던 친교를 생각하면 그의 죽음은 나에게 무한히 슬픈 일이 아니겠나마는 어머니의 뱃속을 떠나던 날부터 적빈에만 지질리어 가며 살아온 내가 비록 남에게는 얼마 안 되게 보일는지 모르겠으나 나로서는 나의 일생에 상상도 하여 보지도 못할 만치의 거대한 재산을 얻은 것이 어찌 그다지 기쁜 일이 아니겠다고 생각하겠는가. 이러한 나의 생각은 세상을 떠난 그를 생각하기만 하는 데에서도 더없을 양심의 가책을 아니 받는 것도 아니겠으나 그러나 위의 말한 것은 나의 양심의 속임 없는 속삭임인 것을 어찌 하겠나.

'어째서 그가 이것을 나에게 물려 줄까?'

'죽은 그의 이름으로 사회업에 기부할까?'

이러한 생각들이 끊임없이 나의 머리에 지나가고 지나오고 한 것은 또한 내가 나의 마음을 속이는 말이겠나? 그러나 물론 전에도 느끼지 아니한 바는 아니나 차차 나이 들고 체력이 감퇴되고 원기가 좌절됨을 따라서 이 몸의 주위의 공허가 역력히 발견되고 청운의 젊은 뜻도 차차 주름살이 잡히기를 시작하여 한낱 고향을 그리워하는 마음, 한낱 이 몸의 쓸쓸한 느낌만이 나날이 커 가는 것일세. 그리하여 어서 바삐 고향에 돌아가 사랑하는 친구와 얼싸안기 원하며 그립던 형제와 섞이어 가며 몇 날 남지 아니한 나의 여생을 보내고 싶은 마음이, 좀더 기쁨과 웃음과 안일한 가운데에서 보내고 싶은 마음이 날이 가면 갈수록 최근에 이르러서는 일층 더하여 가는 것일세. 내가 의학 공부를 시작한 것도 전전푼의 돈이나마 모으기 시작한 것도 그런 생각에서 나온 가엾은 짓들이었네.

사회 사업에 기부할 생각보다도 내가 가질 생각이 더 컸던 나는 드디어 그 가운데의 일부를 헤치어 생전 그에게 부수되어 있던 용인 여중들과 얼마 아니 되는 채무를 처치한 다음 나머지의 전부를 가지고 고향에 돌아갈 결심을 하였네. 그들 가운데 몇 사람으로부터는 단언커니와 나의 일생에 들어 본 적이 없던 비난의 말까지 들었네.

'돈! 재물! 이것 때문에 그의 인간성이 이렇게도 더럽게 변하고 말다니! 죽은 그는 나를 향하여 얼마나 조소할 것이며 침 배앝을 것이냐'

새삼스러이 찌들고 까부러진 이 몸의 하잘것없음을 경멸하며 연민하였네. 그러면서도,

'이것도 다 —— 여태껏 나를 붙들어매고 있는 적빈 때문이 아니냐?'

이렇게 자기 변명의 길도 찾아보면서 자기를 위로하는 것이었네.

친구를 잃은 슬픔은 어느 결에 사라졌는가? 지금에 나의 가슴은 고향 땅을 밟을 기쁨, 친구를 만날 기쁨, 형제를 만날 기쁨, 이러한 가지가지의 기쁨들로 꽉 차 있네. 놀라거니와 나의 일생에 있어서 한편으로는 양심의 가책을 받아 가면서라도 최근 며칠 동안만큼 기뻤던 날이 있었던가를 의심하네.

아 —— 이것을 기쁨이라고 나는 자네에게 전하는 것일세그려. 눈물이 나네그려!

자네는 일상 나의 조카 업의 칭찬의 말을 아끼지 아니하여 왔지. 최근에 자네의 편지에 이 업에 대한 아무런 말도 잘 볼 수 없음은 무슨 일일까? 하여간 젖 먹던, 코 흘리던 그 업이를 보아 버리고 방랑 생활 십

유여 년, 오늘날 그 업이 재질이 풍부한 생래의 영리한 업이로 자라났다 하니 우리 집안을 위하여서나 일상의 적빈에 우는 T 자신을 위하여서나 더없이 기뻐할 일이라고 생각하면서도, 또 한편으로는 이제는 우리 같은 사람은 아무 소용이 없구나 하는 생각을 하니 감개 무량하네. 또한 미구에 만나볼 기쁨과 아울러 이 미지수의 조카 업이에 대하여 많은 촉망과 기대를 가지고 있는 것일세.

M군! 나는 아무쪼록 빨리 서둘러서 어서 속히 고향으로 돌아갈 차비를 차리려 하거니와 이 곳에서 처치해야만 할 일도 한두 가지가 아니고 해서 아직도 이 곳에 여러 날 있지 아니하면 아니될 형편이나, 될 수만 있으면 세전에 고향에 돌아가 그립던 형제와 친구와 함께 즐거운 가운데에서 오는 새해를 맞이하려 하네. 어서 돌아가서 지나간 옛날의 추억도 하여 보며 그립던 회포를 풀어도 보아야 할 터인데!

일기 추운데 더욱더욱 건강에 주의하기를 바라며, T에게도 불일간 내가 직접 편지하려고도 하거니와 자네도 바쁜 몸이지만 한 번 찾아가서 이 소식을 전하여 주기를 바라네. 자 —— 그러면 만나는 날 그 때까지 평안히 —— X로부터…….

어디로 가나?

사람은 다 길을 걷고 있다. 그러므로 그들은 어디로인지 가고 있다. 어디로 가나?

광맥을 찾으려는 것 같은 사람이 있는가 하면 산보하는 사람도 있다.

세상은 어둡고 험준하다. 그러므로 그들은 헤매인다. 탐험가나 산보자나 다같이 ——

사람은 다 길을 걷는다. 간다. 그러나 가는 데는 없다. 인생은 암야의 장단 없는 산보이다.

그들은 오랫동안의 적응으로 하여 올빼미와 같은 눈을 얻었다. 다 똑

같다.

그들은 끊임없이 목마르다. 그들은 끝없이 구한다. 그리고 그들은 끝없이 고른다.

이 '고름'이라는 것이 그들이 가지고 나온 모든 것들 가운데 가장 좋은 것이면서도 가장 나쁜 것이다.

이 암야에서도 끝까지 쫓겨난 사람이 있다. 그는 어떠한 것, 어떠한 방법으로도 구제되지 않는다.

—— 선혈이 임리한 복수는 시작된다. 영원히 끝나지 않는 복수를 —— 피 —— 밑 없는 확대의 함정——

사람에게는 고통이 없다. 그는 지구권 외에서도 그대로 학대받았다. 그의 고기를 전부 졸여서 애(사랑)라는 공물을 만들어 사람들 앞에 눈물 흘리며도 보았다. 그러나 모든 것은 더 한층 그를 학대하고 쫓아내었을 뿐이었다.

'가자! 잊어버리고 가자!'

그는 몇 번이나 자살을 꾀하여 보았던가? 그러나 그는 이 나날이 진하여만 가는 복수의 불길을 가슴에 품은 채 싱겁게 가 버릴 수는 없었다.

'내 뼈 끝까지 다 갈려 없어지는 한이 있더라도 —— 그 때에는 내 정령 혼자서라도 ——'

그의 갈리는 이빨 사이에서는 뇌장을 갈아 마실 듯한 쇳소리와 피육을 말아올릴 듯한 회오리바람이 일어났다.

그의 반생을 두고 (아마) 하여 내려 오던 무위한 애의 산보는 끝났다.

그는 그의 몽롱한 과거를 회고하여 보며 그 눈멀은 산보를 조소하였다. 그리고 그의 앞에 일직선으로 뻗쳐 있는 목표 가진 길을 바라보며 득의의 웃음을 완이(빙그레 웃는 모양)히 웃었다.

닦아도 닦아도 유리창에는 성에가 슬었다. 그럴수록 그는 자주 닦았고 자주 닦으면 성에는 자꾸 슬었다. 그래도 그는 얼마든지 닦았다.

승강장 찬바람 속에 옷고름 날리며 섰다가 처음 들어왔을 때에는 퍽 따스하더니 그것도 삽시간이요, 발 밑의 '스팀'은 자꾸 식어만 가는지 삼등 객차 안은 가끔 소름이 끼칠 만치 서늘하였다.

가방을 겨우 선반 위에다 얹고 앉기는 앉았으나 그의 마음은 종시 앉지 않았다. 그의 눈은 유리창에 스는 성에가 닦아도 슬고 또 닦아도 또 슬듯이, 씻어도 솟고 또 씻어도 또 솟는 눈물로 축였다. 그는 이 까닭 모를 눈물이 이상하였다. 그런 것도 그의 눈물의 원한이었는지도 모른다.

젖은 눈으로 흐린 풍경을 보지 아니하려 눈물과 성에를 쉴 사이 없이 번갈아 닦아 가며 그는 창 밖을 내다보기에 주린 듯이 탐하였다. 모든 것이 이상하기만 할 뿐이었다.

'어찌 이렇게 하나도 이상한 것이 없을까? 아!' 그에게는 이것이 이상한 것이었다.

하염없이 눈물을 흘려서 그는 그의 백사지 된 뇌와 심장을 조상하였다.

회색으로 흐린 하늘에 소리 없는 까마귀떼가 몽롱한 북망산을 반점 찍으며 감도는 모양 —— 그냥 세상 끝까지라도 닿아 있을 듯이 겹친 데 또 겹쳐 누워 있는 적갈색의 벗어진 산들의 자비스러운 곡선 —— 이런 것들이 그의 흥미를 일게 하지 않는 것도 아니었다. 그러나 이런 것들도 도무지 이상치 아니한 것이 그에게는 도무지 이상하였다.

이러한 가운데서도 그는 그의 눈과 유리창을 닦기를 게을리 하지 않았다.

'남의 것을 왜 —— 거저 먹으려고 그러는 것일까?'

그는 '따개꾼'을 생각하여 보았다.

'남의 것을 거저 —— 나는 남의 것을 거저 갖지 않았느냐 —— 비록 그 사람은 죽어서 이 세상에 있지 않다 하더라도 —— 그의 유서가 ——

그것을 허락하였다 할지라도 —— 그의 유산의 전부를 차지하여도 조금도 거리낌이 없을 만치 그와 나는 친한 사이였다 하더라도 —— 나는 그의 하고 많은 유산을 거저 차지하지 않았느냐. 남의 것을 ——그는 아무리 친한 사이라 하더라도 남이다 —— 남의 것을 거저, 나는 그의 유산의 전부를 —— 사회 사업에 반드시 바쳤어야 옳을 것을 —— 남의 것이다 —— 상속이 유언된 유산 —— 거저 —— 사회 사업 —— 남의 것——' 그의 머리는 어지러웠다.

'고요한 따개꾼 —— 체면 있는 따개꾼!'

그러나 그는 성에 슬은 유리창을 닦는 것과 같이 그의 주머니 속에 들어 있는 '돈'의 종잇조각 —— 수형을 어루만져 보기를 때때로 하는 것도 잊어버리지는 않았다.

발끝에서 올라오는 추위와 피곤, 머리끝에서 내려오는 산란한 피곤, —— 그것은 복부에서 충돌되어서는 시장함으로 표시되었다. 한 조각의 마른 '빵'을 씹어 본 다음에 그는 물도 마시지 아니하였다. 오줌 누러 가는 것이 귀찮아서 ——

먹은 것이라고는 새벽녘에도 역시 마른 빵 한 조각밖에는 없다. 그때도 역시 물은 마시지 않았다.

그런데 그는 벌써 변소에를 몇 번이고 갔는지 모른다. 절름발이를 이끌고 사람 비비대는 차 안의 좁은 틈을 헤쳐 가며 지나다니기가 귀찮았다. 이것이 괴로웠다. 그리하여 이번에도 물을 마시지 아니한 것이다. 그러나 오줌은 수없이 —— 그는 이것이 이 차 안의 특유인 미지근한 추위 때문이 아닌가? 이렇게도 생각해 보았다. 그는 변소에 들어가서는 반드시 한 번씩 그 수형을 꺼내어 자세히 검사하여 보는 것도 겸겸하였다.

'오냐 —— 무슨 소리를 내가 듣더라도 다시 살자.'

왼편 다리가 차차 아파 올라왔다 —— 결리는 것처럼 —— 저리는 것처럼 —— 기미 나쁘게 ——

'기후가 변하여서 —— 풍토가 변하여서 ——'

사람의 배를 가르고 그 내장을 세척하는 것은 고사하고 —— 사람의 썩는 다리를 절단하는 것은 고사하고 —— 등에 난 조그만 부스럼에 '메스' 한 번을 대어 본 일이 없는 슬플 만치 풍부한 경험을 가진 훌륭한 의사인 그는 이러한 진단을 그의 아픈 다리에다 내려도 보았다. 그래 바지 아래를 걷어올리고 아픈 다리를 내어 보았다. 바른편 다리와는 엄청나게 훌륭하게 뼈만 남게 마른 왼편 다리는 바닥에서 솟아 올라오는 '풍토 다른' 추위 때문인지 죽은 사람의 그것과 같이 푸르렀다. 거기에 몇 줄기 새파란 정맥줄이 반투명체가 내뵈듯이 내보이고 있었다. 털은 어느 사이에인지 다 빠져 하나도 없고 모공의 자국에는 파리똥 같은 검은 점이 위축된 피부 위에 일면으로 널려 있었다. 그는 그것을 '나의 것'이니만치 가장 친한 기분으로 언제까지라도 들여다보며 깔깔한 그면을 맛 좋게 쓸어 다듬어 주고 있었다. 그 때에 건너편 자리에 앉아 있던 신사(?)는 가냘픈 한숨을 섞어 혀를 한번 '쩍' 하고 차더니 그 자리에서 일어서서 황황히 어디론지 가 버렸다.

"내리는 게로군 —— 저 가방 —— 여보시오, 저 가방."

그는 고개를 돌이켜 그 신사의 가는 쪽을 향하여 소리질렀다.

"여보시오, 저 —— 가방을 가지고 내리시오 —— 저."

또 한 번 소리쳐 보았으나 그 신사의 모양은 벌써 어느 곳으로 가 버렸는지 보이지 않았다. '그가 생각나서 찾으러 오도록 나는 저 가방을 지켜 주리라.' 이런 생각을 그는 한턱 쓰는 셈으로 생각하였다.

"여보 인젠 그 다리 좀 내놓지 마시오."

"아 —— 참, 저 가방 ——"

이렇게 불식간에 대답을 한 그는 아까 자리를 떠나 어디로 갔는지 없어졌던 그 신사가 어느 틈에인지 다시 그 자리에 와 앉아 있는 것을 그

제야 겨우 보아 알았다. 신사는 또 서서히 입을 열어,

"여보, 나는 인젠 몇 정거장 남지 않았으니 내가 내릴 때까지는 제발 그 다리 좀 내어놓지 좀 마오!"

"네 —— 하도 아프기에 어째 그런가 하고 좀 보았지요. 혹시 풍토가……."

"풍토? 당신 다리는 풍토에 따라 아프기도 하고 안 아프기도 하고 그렇소?"

"네 —— 원래 이 왼편 다리는 다친 다리가 되어서 조금 일기가 변하기만 하여도 곧 아프기가 쉬운 —— 신세는 볼일 다 본 —— 그렇지만 이를 갈고——"

"하하, 그러면 오 —— 알았소 —— 그 왼편 ——"

"네 —— 그 아플 적마다 고생이라니 어디 참 ——"

"내 생각 같아서는 그건 내 생각이지만 그렇게 두고 고생할 것 없이 병신되기는 다 —— 일반이니 아주 잘라 버리는 것이 좋을 것 같소. 저 내가 아는 사람도 하나 그 이야기는 할 것도 없소만 —— 어쨌든 그것은 내 생각에는 그렇다는 말이니까 자르라고 당신보고 —— 자르라고 그러는 말은 아니오만 —— 하여간 그러다간 퍽 고생이 되겠는데 ——"

"글쎄, 말씀이야 좋은 말씀이외다만 원 아무리 고생이 된다 하더라도 어떻게 제 다리를 자르는 것을 제 눈으로 뻔히 보고 있을 수가 있나요?"

"그렇지만 밤낮 두고 고생하느니보다는 낫겠다는 말이지요. 그것을 뭐 어쩌다가 그렇게 몹시 다쳤단 말이오?"

"그거요, 다 이루 말할 수 있나요? 이 다리는 화태에서 일할 적에 '토로'에서 뛰어내리려다가 '토로'와 한데 뒹구는 바람에 이렇게 몹시 다친 거지요."

"화태?"

신사는 잠시 의아와 놀라는 얼굴빛을 보인 다음에 다시 말을 이어,

"어쩌다가 화태까지 가셨더란 말이오?"

"예서는 먹고 살 수가 없고 하니까 돈 벌러 떠난다는 것이 마지막 천하에 땅 있는 데는 사람 사는 곳이고 안 사는 곳이고 안 가 본 데가 있나요? 이렇게 떠돌아다니는 게 올해 꼭! 가만 있자 —— 열일곱 해, 아니 열다섯 핸가 —— 어쨌든 십여 년이지요."

"돈만 많이 벌었으면 고만 아니오."

"그런데 어디 돈이 그렇게 벌리나요. 한 푼 —— 참 없습니다. 벌기는 고만두고 굶기를 남 먹듯 했습니다. 어머님 집 떠난 지 일 년도 못 되어 돌아가시고 ——"

"하 —— 어머님이 —— 어머님도 당신하고 같이 가셨습디까 —— 처자는 그럼 다 있겠구려."

"웬걸요 —— 처자는 집 떠나기 전에 다 —— 죽었습니다. 어린것을 나은 지 —— 에 그게 —— 어쨌든 에미가 먼저 죽으니까 죽을밖에요. 어머님은 아우에게 맡기고 떠나려고 했지만 원래 우리 형제는 의가 좋지 못한 데다가 아우도 처자가 다 있는 데다가 저처럼 이렇게 가난하니 어디 맡으려고 그럽니까?"

"아우님은 단 한 분이오?"

"네 —— 그게 그렇게 의가 좋지 못하답니다. 남이 보면 부끄러울 지경이지요."

"그래, 시방 어떻게 해서 어디로 가는 모양이오?"

신사의 얼굴에는 연민의 빛이 보이었다.

"십여 년을 별짓을 다 하고 돌아다니다가…… 참 그 동안에는 죽으려고 약까지 타 논 일도 몇 번인지 모르지요. 세상이 다 우스꽝스러워서 술 노름으로 세월을 보낸 일도 있고, 식당 '쿡' 노릇을 안 해 보았

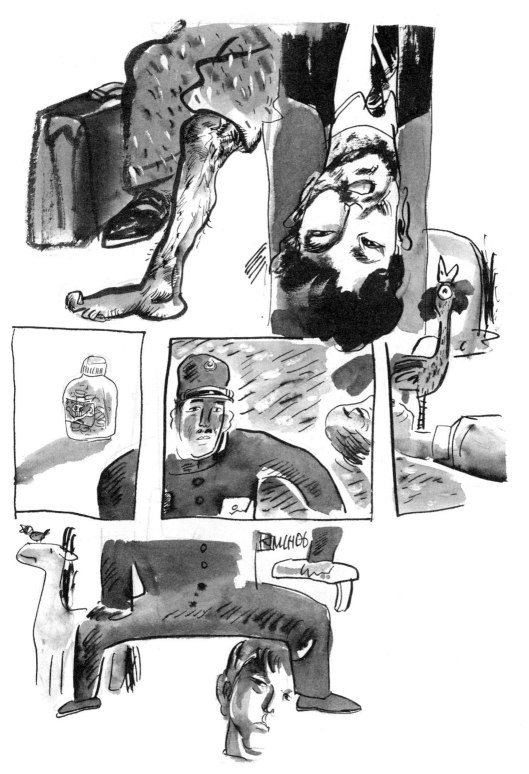

나. 이래 보여도 양요리는 그래도 못 만드는 것 없이 능란하답니다. 일등 쿡이었으니까. 화태에도 오랫동안 있었지요. 그 때 저는 꼭 죽는 줄만 알았는데 그래도 명이 기니까 할 수 없나 보아요. 이렇게 절름발이가 되어 가면서도 여태껏 살고 있으니 그 때 그놈들(그는 누구라는 것도 없이 이렇게 평범히 불렀다.)이 이 다리를 막 자르려고 덤비는 것을 죽어라 하고 못 자르게 했지요. 기를 쓰고 죽어도 그냥 죽지 내 살점을 떼내던지지는 않겠다고 이를 악물었더니 그놈들이 그래도 내 억지는 못 이기겠던지 그냥 내버려 두었어요. 덕택에 시방 이 모양으로 절름발이 신세를 —— 네 —— 가기는 제가 갈 데가 있겠습니까? 아우의 집으로 가야지요. 의가 좋으니 나쁘니 해도 한배의 동생이요, 또 십여 년 만에 고향에 돌아오는 몸이니 반가워하지는 못할지라도 그리 싫어하지는 않을 것 같습니다. 고향이오? 고향은 서울, 아주 서울 태생이올시다. 서울에는 아우하고 또 극진히 친한 친구 한 사람이 있습니다. 그저 그 사람들을 믿고 시방 이렇게 가는 길이올시다. 그렇지만 내 이를 악물고라도."

"그럼, 그저 고향이 그리워서 오는 모양이로구려."

"네 —— 그렇다면 그렇지요. 그런데 하기는……."

그는 별안간에 말을 멈추는 것같이 하였다.

"그럼, 아마 무슨 큰 수가 생겨서 오는 모양이로구려."

어디까지라도 신사의 말은 그의 급처를 찌르는 것이었다.

"수 —— 에 —— 수가 생겼다면 —— 하기야 수라도 ——."

"아주 큰 수란 말이구려, 하……."

두 사람은 잠시 쓰디쓴 웃음을 웃어 보았다.

"다른 사람이 보면 하잘것없는 것일는지 몰라도 제게는 참 큰 수지요, 허고 보니."

"얘기를 좀 하구려. 그 무슨 그렇게 큰 순가."

"얘기를 해서 무엇하나요? 그저 그렇게만 아시지요 뭐 —— 해도 상관은 없기는 하지만……."

"그 아마 당신께 좀 꺼리는 데가 있는 게로구려? 그렇다면 할 수 없겠소만 또 그렇다고 하더라도 내가 당신을 천 리나 만 리나 따라다닐 사람이 아니요, 또 내가 무슨 경찰서 형사나 그런 사람도 아니요, 이렇게 차 속에서 우연히 만났다가 헤어지고 말 사람인데 설사 이후에 또 만나는 수가 있다 하더라도 피차에 얼굴조차도 잊어버릴 것이니 누가 누군지 안단 말이오? 내가 또 무슨 당신의 성명을 아는 것도 아니고 상관없지 않겠소."

"아 —— 그렇다면야 —— 뭐 제가 이야기 안 한다는 까닭은 무슨 경찰에 꺼릴 무슨 사기 취재(?)나 했다 해서 그러는 것이 아닙니다. 이야기가 너무 장황해서 또 몇 정거장 안 가서 내리신다기에 이야기가 중간에 끊어지면 하는 사람이나 듣는 사람이나 피차 재미도 없을 것 같고 그래서 ——"

"그렇게 되면 내 이야기 끝나는 정거장까지 더 가리다그려 —— 이야기가 재미만 있다면 말이오 ——."

"네? 아니 —— 몇 정거장을 더 가셔도 좋다니 그것이 어떻게 하시는 말씀인지 저는 도무지 ——."

두 사람은 또 잠깐 웃었다. 그러나 그는 놀랐다.

"내 여행을 그렇게 아무렇게나 해도 상관없는 여행이란 말이오 ——"

"그렇지만 돈을 더 내셔야 안 되나요."

"돈? 하 —— 그래서 그렇게 놀랜 모양이로구려! 그건 조금도 염려할 것 없소. 나는 철도국에 다니는 사람인 고로 차는 돈 한 푼 아니 내고라도 얼마든지 거저 탈 수 있는 사람이니까. 나는 지금 볼일로 ××까지 가는 길인데 서울에도 볼일이 있고 해서 어디를 먼저 갈까 하고 망설거리던 차에 미안한 말이지요만 아까 당신의 그 다리를 보고 그만 ××일을 먼저 보기로 한 것이오. 그렇지만 또 당신의 이야기가 아주 썩 재미가 있어서 중간에서 그냥 내리기가 아깝다면 서울까지 가면서 다 듣고 서울 일도 보고 하는 것이 좋을 듯도 하고 해서 하는 말이오."

"네 —— 나는 또 철도국 차를 거저, 그것 참 좋습니다. 차를 얼마든지 거저 ——."

이 '거저' 소리가 그의 머리에 거머리 모양으로 묘하게 착 달라붙어서는 떨어지지 아니하였다. 그는 잠깐 동안 혼자 애쓰지 아니하면 안되었다. 억지로 태연한 차림을 꾸미며 그는 얼른 입을 열었다. 그러나 그 말마디는 묘하게 굴곡이 심하였다. 그는 유리창이 어느 틈에 밖에 조금도 내어다보이지 않을 만치 슬은 성에를 닦기도 하여 보았다.

"말하자면 횡재 에 —— 횡재 —— 무엇 횡재될 것도 없지만 또 횡재라면 그야 삼 년 전에 다시 돌아왔습니다. 게서 친구 한 사람을 사귀었는데 그는 별 사람이 아니라 제가 묵고 있던 집 주인입니다. 그 사람은 저보다도 더 아무도 없는 아주 고독한 사람인데 그 여관 외에 또 집도 여러 채를 가지고 있었는데 있는 동안에 그 사람과 나는 각별히 친한 사이가 되어 그 여관을 우리 둘이서 경영하여 나가게 되었습니다. 그런데 그 사람이 얼마 전에 고만 죽었습니다. 믿던 친구가 죽었으니 비록 남이었건만 어떻게 설운지 아마 어머님 돌아가실 때만큼이나 울었습니다. 남다른 정분을 생각하고는 장사도 제 손으로 잘 지내 주었지요. 그런데 인제 그렇거든요 —— 자 —— 그가 떠 ——ㄱ 죽고 보니까 그의 가졌던 재산 —— 무엇 재산이라고까지는 할 것은 없을는지는 몰라도 하여간 제게는 게서 더 큰 재산을 여태 —— 그렇게 말할 것까지는 없을지 몰라도 어쨌든 상당히 큰돈(?)이니까요 —— 그게 어디로 가겠느냐 이렇게 될 것이 아니냐 그런 말이거든요 ——"

"그러니까 그것을 당신이 —— 슬쩍 이렇게 했다는 말인 것이요그려 하…… 딴은…… 참…… 횡재는."

"아 —— 천만에 제 생각에는 그것을 죄다 사회 사업에 기부할 생각
이었지요 물론 ——"

"그런데 안 했다는 말이지 ——"

"그런데 그가 죽기 전에 벌써 그가 저 죽을 날이 가까워 오는 것을 알
고 그랬던지 다 저에게다 상속하도록 수속을 하여 놓고는 유서에다
가는 떠 —— ㄱ 무엇이라고 써 놓았는고 하니."

"사회 사업에 기부하라고 써——"

"아 —— 그게 아니거든요. 이것을 그대의 마음 같아서는 반드시 사
회 사업에 기부할 줄 믿는다. 그러나 죽는 사람의 소원이니 아무쪼록
그대로 가지고 고향으로 돌아가서 친척 친구와 함께 노후의 편안한
날을 맞고 보내도록 하라. 만일 그렇지 아니하고 내 말을 어기는 때
에는 나의 영혼은 명도에서도 그대의 몸을 우려하여 안정할 날이 없
을 것이라고."

"하 —— 대단히 편리한 유서로군! 당신 그 창작……"

신사는 말을 멈추었다. 그러나 그의 얼굴은 어디까지든지 냉소와 조
롱의 빛으로 차 있었다.

"그래서 그의 죽은 혼령도 위로할 겸 저도 좀 인제는 편안한 날을 좀
보내 보기도 할 겸해서 이렇게 돌아오는 것이오——."

"하 —— 그럴듯하거든. 그래 대체 그 돈은 얼마나 되며 무엇에다 쓸
모양이오?"

"얼마요, 많대야 실상 얼마 되지는 않습니다. 제게는 —— 무얼 하겠
느냐 —— 먹고 살고 하는 데 쓰지요."

"아, 그래 그저 그 돈에서 자꾸 긁어다 먹기만 할 모양이란 말이오?
사회 사업에 기부하겠다는 사람의 사람은 딴 사람인 모양이로군!"

"그저 자꾸 긁어다 먹기만이야 하겠습니까? 설마 하기는 시방 계획
은 크답니다."

"한 번 다부지게 먹어 보겠다는 말이로구려."

"제게 한 친구가 의사지요. 그 전에는 그 사람도 남부럽지 않게 상당히 살았건만 그 부친 되는 이가 미두(미곡의 시세를 이용하여 거래하는 투기 행위의 일종)라나요, 그런 것을 해서 우리 친구 병원까지 들어먹었지요. 그래 시방은 어떤 관립 병원에 촉탁의로 월급 생활을 하고 있다고 그렇게 몇 해 전부터 편지거든요. 그래서 친구 좋은 일도 할 겸 또 세상에 나처럼 아픈 사람 병든 사람을 위하여 사회 사업도 할 겸 —— 가서 그 친구와 같이 병원을 하나 내일까 하는 생각인데요. 크기야 생각만은 ——"

"당신은 집이나 지키려오?"

"왜요, 저도 의사랍니다. 친구의 그 소식을 들었대서 그런 것은 아니지만 내 몸이 병신이니까 그런지 세상에 하고 많은 불쌍한 사람 중에도 병든 사람 앓는 사람처럼 불쌍한 이는 없는 것 같애서 저도 의학을 좀 배워 두었지요."

신사는 가벼운 미소를 얼굴에 띠면서 '의학'을 배운 사람치고는 너무도 무식하고 유치하고 저급인 그의 말에 놀랐다는 듯이 '쩍' '쩍' 혀를 몇 번 찼다.

"그래, 당신이 '의학'을 안단 말이오?"

"네 —— 안다고까지야 —— 그저 좀 뜯겼지요 —— 가갸거겨 —— 왜 그러십니까 —— 어디 편치 않으신 데가 있다면 제가 시방이라도 보아 드리겠습니다. 있습니까 —— 있으면 ——."

두 사람은 크게 소리치며 웃었다. 차창 밖은 어느 사이에 날이 저물어 흐린 하늘에 가뜩이나 음울한 기분이 떠돌았다.

차 안에는 전등까지도 켜졌다. 그러나 그들은 그것도 깨닫지 못하였었다. 그는 밖을 좀 내다보려고 유리창의 성에를 또 닦았다. 닦이운 부분에는 밖으로 수없는 물방울이 마치 말 못할 설움에 소리없이 우는 사람의 뺨에 묻은 몇 방울 눈물처럼 여기저기에 붙어 있었다. 그것들은 차의 움직임으로 일순 후에는 곧 자취도 없이 떨어지고 그러면 또 새로운 물방울이 또 어느 사이엔지 와 붙고 하여 그 물방울은 늘 거의 같은 수효로 널려 있었다.

"눈이 오시는 게로군."

두 사람은 이야기를 멈추고 고개를 모아 창 밖을 내다보았다. 눈은 '너는 서울 가니? 나는 부산 간다.' 하는 듯이 옆으로만 옆으로만 빠르게 지나가고 있었다. 이야기에 팔리어 얼마 동안은 잊었던 왼편 다리는 여전히 아까보다도 더하게 아프고 쑤시었다 저렸다. 그는 그 다리를 옷 바깥으로 내려 쓰다듬으며 순식간에 '시 —— ㅅ' 소리를 내이며 입에 군침을 한 모금이나 꿀떡 삼키었다. 그 침은 몹시도 끈적끈적한 것으로 마치 '콘덴스트 밀크'나 엿을 삼키는 기분이었다. 신사는 양미간에 조그만 내 천자를 그린 채 그 모양을 한참이나 내려다보고 앉았더니 별안간 쾌활한 어조로 바꾸어 입을 열었다.

"의사가 다리를 앓는 것은 희괴한 일이로군!"

"제 똥 구린 줄 모른다고!"

두 사람은 이전보다도 더 크게 소리쳐 웃었다. 그 웃음은 추위에 원기를 지질리운 차 안의 승객들의 멍멍한 귀에 벽력 같은 파동을 주었음인지 그들은 이 웃음소리의 발원지를 향하여 일제히 고개를 돌렸다. 두 사람은 이 모든 시선의 화살에 살이 간지러웠다. 그리하여 고개를 다시 창 쪽을 향하여 보았다가 다시 또 숙여도 보았다.

얼마 만에 그가 고개를 돌렸을 때 통로 건너편에 그를 향하여 앉아 있는 젊은 여자 하나가 수건으로 얼굴을 가린 채 고개를 푹 수그리고 있는 것을 그는 발견할 수 있었다.

'우나! —— 무슨 말 못할 사정이 있는 게지 —— 누구와 생이별이라도 한 게지!'

그는 이런 유치한 생각도 하여 보았다.

"그러면 그 돈을 시방 당신의 몸에 지니고 있겠구려, 그렇지 않으면!"

신사의 이 말소리에 그는 졸도할 듯이 '나'로 돌아왔다. 그 순간에 그의 머리에는 전광 같은 그 무엇이 떠도는 것이 있었다.

"아니오. 벌써 아우 친구에게 보냈세요. 그런 것을 이렇게 몸에다 지니고 다닐 수가 있나요?"

하며 그는 그 수형이 들은 옷 포켓의 것을 손바닥으로 가만히 어루만져 보았다. 한 장의 종이를 싸고 또 싸고 몇 겹이나 쌌던지 그의 손바닥에는 풍부한 질량의 쾌감이 느껴졌다. 그의 입 안에는 만족과 안심의 미소가 맴돌았다.

차 안은 제법 어두워졌다(그것은 더욱이 창 밖이었을는지도 모르나 지금에 그의 세계는 이 차 안이었으므로이다.). 생각없이 그는 아까 그가 바라보던 젊은 여자의 앉아 있는 곳으로 머리를 돌려 보았다. 그 때에 여자는 들었던 얼굴을 놀란 듯이 얼른 숙이고는 수건으로 가려 버리었다. 더욱 놀란 것은 그였다.

'흥 —— 원 도무지 별일이로군!'

그는 군입을 다셔 보았다. 창 밖에는 희미한 가운데에도 수없는 전등이 우는 눈으로 보는 별들과도 같이 이지러져 번쩍이고 있었다.

"서울이 아마 가까운 게로군요."

"가까운 게 아니라 예가 서울이오."

그는 이 빈약한 창 밖 풍경에 놀랐다.

"서울! 서울! 기어코 —— 어디 내 이를 갈고 ——"

그는 이 '이를 갈고' 소리를 벌써 몇 번이나 하였는지 모른다. 그러나 자기도 또 듣는 사람도 그것이 무슨 뜻인지 어찌 하겠다는 소리인지 깨달을 수 없었다. 차 안은 이제 극도로 식어 온 것이었다. 그는 별안간 '시베리아' 철도를 타면 안이 어떠할까 하는 밑도 끝도 없는 생각을 하여 보기도 하였다.

　사람들은 모두 부시럭부시럭 일어났다. 그도 얼른 변소에를 안전하도록 다녀온 다음 신사의 조력을 얻어 '선반' 위의 가방을 내렸다. 그리고 그것을 바른 손아귀에 꽉 쥐고서 내릴 준비를 하였다. 차는 벌써 역 구내에 들어왔는지 무수한 검고 무거운 화물차 사이를 서서히 걷고 있는 것이었다.

　차는 '치 —— ㄱ' 소리를 지르며 졸도할 만치 큰 기적 소리를 한 번 울리고는 '승강장'에 닿았다. 소란한 천지는 시작되었다.

　그는 잊어버리지 아니하고 그 여자의 있던 곳을 또 한 번 돌아다보았다. 그러나 그 때에는 그 여자는 반대편 문으로 나갔었기 때문에 그는 여자의 등과 머리 뒷모양밖에는 볼 수 없었다.

　'에 —— 그러나 도무지 —— 이렇게 기억 안 되는 얼굴은 처음 보겠어. 불완전 불완전!'

　그는 밀려 나가며 이런 생각도 하여 보았다. 그 여자의 잠깐 본 얼굴을 아무리 다시 그의 머릿속에 나타내어 보려 하였으나 종시 정돈되지 아니한 채 희미하게 맴돌고 있을 뿐이었다. 아픈 다리, 차 안의 추위에 몹시 식은 다리를 이끌고 사람 틈에 그럭저럭 밀려 나가는 그의 머리는 이러한 쓸데없는 초조로 불끈 화가 나서 어지러운 것이었다.

　승강대를 내릴 때에 그는 그 신사 손목을 한번 잡아 보았다. 아픈 다리를 가지고 내리는데 신사의 힘을 빈다는 것처럼. 그러나 그것은 그가 무엇인지 유혹하여지는 것이 있었기 때문이었다. 쥐고 보았으나 그는 할 아무 말도 생각나지 아니하였다. 그는 잠깐 머뭇머뭇하였다.

　"저 오늘이 며칠입니까?"

　"12월 12일."

　"12월 12일! 네, 12월 12일!"

　신사의 손목을 쥐인 채 그는 이렇게 중얼거려 보았다. 순식간에 신사의 모양은 잡다한 사람 속으로 사라졌다.

　그는 찾고 또 찾았다. 그러나 누구인지 알지 못할 사람이 그의 손목을 달려 잡았을 때까지 그는 아무도 찾지는 못하였다. 희미한 전등 밑에 우쭐대는 사람들의 얼굴은 한결같이 다 똑같은 것만 같았다. 그는 그의 손목을 잡는 사람의 얼굴을 거의 저절로 내려다보았다. 그러나 —— 눈 —— 코 —— 입 ——.

　'하, 두 개의 눈——한 개씩의 코와 입!'

　소리 안 나는 웃음을 혼자 웃었다. 눈을 뜬 채!

　"X군! 나를 못 알아보나, X군!"

　한참 동안이나 두 사람의 시선은 그대로 늘어붙은 채 마구 매어달려 있었다.

　"M군! 아! 하! 이거 얼마 만이십니까 —— 얼마 —— 에 얼마 만인가 ——."

　그의 눈에는 그대로 눈물이 괴었다.

　"M군! 분명히 M군이시지요! 그렇지?"

　침묵…… 이 부득이한 침묵이 두 사람 사이를 아니 찾아올 수 없었다. —— 입을 꽉 다문 채 그는 눈물에 흐린 눈으로 M군의 옷으로 신발로 또 옷으로 이렇게 보기를 오르내리켰다. 그의 머리(?)에 가까운 곳에는(?) 이상한 생각(같은 것)이 떠올랐다.

　"M군 —— 그 M군은 나의 친구였다. 분명히 역시."

　M군보다 키는 차라리 그가 더 컸다. 그러나 그가 군을 바라보는 것은 분명히 '쳐다보는 것'이었다. 그의 이 모순된 눈에서는 눈물이 그대로 쏟아지기만 하였다 —— 어느 때까지라도 ——.

　군중의 잡다한 소음은 하나도 그의 귀에 느껴지지 않았던 것은 물론이다 —— 그리고 그뿐만 아니라 그의 눈이 초점을 잃어버렸던 것도,

'차라리 아까 그 신사나 따라갈 것을.'

전광 같은 생각이 떠올랐다. 그 때는 그의 귀가 '형님' 소리를 몇 번이나 '들었던 기억'까지 쫓아 버렸다.

'차라리 —— 아 ——.'

'이 사람들이 나를 기다렸던가 —— 아 ——.'

모든 것은 다 간다. 가는 것은 어언간 간 것이다. 그에게 있어서도 모든 것은 벌써 다 간 것이었다.

다만 —— 그리고는 오지 아니하면 아니 될 것이 그 뒤를 이어서 '가기 위하여' 줄대어 오고 있을 뿐이었다.

'아 —— 갔구나 —— 간 것은 없는 것만도 못한 '없는 것'이다 —— 모 —— 든……."

그는 M군과 T씨와 그리고 T씨의 아들 '업'——이 세 사람의 손목을 번갈아 한 번씩 쥐어 보았다. 어느 것이나 다 뻣뻣하고 핏기 없이 마른 것이었다.

'아우야 —— T —— 조카 업 —— 네가 업이지 ——.'

그들도 그의 눈물을 보았다. 그리고 어두운 낯빛에 아무 말들도 없었다. 간단한 해석을 내리운 것이었다.

"바깥에는 눈이 오지?"

"떨어지면 녹고 —— 떨어지면 녹고 그러니까 뭐."

떨어지면 녹고 —— 그에게는 오직 눈만이 그런 것도 아닐 것 같았다 —— 그리고 비유할 곳 없는 자기의 몸을 생각하여도 보았다.

네 사람은 걷기를 시작하였다. 어느 틈엔지 그는 업의 손목을 꽉 잡고 있었다.

'네 얼굴이 그렇게 잘생긴 것은 —— 최상의 행복이요, 동시에 최하의 불행이다.'

그는 업의 붉게 익은 두 뺨부터 코 밑의 인중을 한참이나 훔쳐보았다. 그 곳은 그를 만든 신이 마지막 새끼손가락을 떼인 자리인 것만 같았다. 도영되는 가로등과 '헤드 라이트'는 눈물에 젖은 그의 눈 속에 이중적으로 재현되어 있는 것 같았다.

T씨의 집에서 이것저것 맛있는 음식을 시켜다 먹었다. 그 자리에 M군도 있었던 것은 물론이다. 자리는 어리석기 쉬웠다. 그래 그는 입을 열었다.

"오래간만에 오고 보니 —— 그것도 그래 —— 만나고 보면 할 말도 없거든 —— 사람이란 도무지 이상한 것이거든——얼싸안고 한 —— 두어 시간 뒹굴 것 같지 —— 하기야 —— 그렇지만 —— 떡 —— 당하고 보면 그저 한량없이 반갑다 뿐이지 —— 또 별 무슨 ——."

자기 말이 자기 눈에 띄울 때처럼 싱거운 때는 없다.

그는 이렇게 늘어놓는 동안에 '자기 말이 자기 눈에 띄었——' 다. 자리는 또 어리석어 갔다.

"이 세상에 벙어리나 귀머거리처럼——어쨌든 그런 병신이 차라리 나을 것이야 ——"

이런 말을 하고 나서 보니 너무 지나친 말인 것도 같았던 것이 눈에 띄었다. 그는 멈칫했다.

"X군 —— 말 끝에 말이지 —— 그래도 눈먼 장님은 아니니까 자네 편지는 자세 보아서 아네. 자네도 인제 고생 끝에 낙이나 누리 —— 고. 하기는 우리 같은 사람도 자네 덕을 입지 않나! 하…….."

M군의 이 말 끝에 웃음은 너무나 기교적이었다. 차라리 웃을 만하였다.

'웃을 만한 희극!'

그는 누구의 이런 말을 생각하여 보았다. 그리고는 M군의 이 웃음이 정히 그것에 해당치 않는 것인가도 생각하여 보았다. 그리고 속으로 웃

었다.

"형님, 언제나 심평이 필까 필까 했더니…… 인제는 나도 기지개 좀 펴겠소 —— 허……."

이렇게도 모든 '웃을 만한 희극'은 자꾸만 일어났다.

"하……! 하……."

그는 나가는 데 맡겨서 그대로 막 웃어 버렸다. 눈 감고 칼쌈하는 세 사람처럼 관계도 없는 세 가지 웃음이 서로 어우러져서 스치고 부딪고 맞닥치는 꼴은 '웃을 만한' 희극 중에서도 진기한 광경이었다.

열한 시쯤 하여 M군은 돌아갔다. 그리고 나서 그는 곧 자리에 쓰러졌다. 곧 깊은 꿈 속으로 떨어진 그는 여러 날 만에 극도로 피곤한 그의 몸을 처음으로 편안히 쉬이게 하였다.

얼마를 잤는지(그것은 하여간 그에게는 며칠 동안만 같았다.) 귀가 간지러움을 견디다 못하여 억지로 깨었다. 깨이고 난 그는 그의 귀가 그렇게 간지러웠던 까닭이 무엇이었던가를 찾아보았으나 어두컴컴한 방 안에는 아무것도 집어 내일 것이 없었다.

'꿈을 꾸었나 —— 그럼 ——.'

꿈이었던가 아니었던가를 생각하여 보는 동안에 그의 의식은 일순간에 명료하여졌다. 따라서 그의 귀도 그것이 무엇인가를 구분해 내일 만치 정확히 간지러움을 가만히 느끼고 있었다.

'시계 소리 —— 밤 소리(그런 것이 있다면) —— 그리고 —— 그리고'

분명히 퉁소 소리다.

에피그램

　밤이 이슥한데 나는 사실 그 친구와 이런 회화를 했다는 이야기를 염치 좋게 하는 것은 요컨대 천하의 의좋은 내외들에게 대한 퉁명이다. 친구는,

　"여비?"

　"보조래도 해 줬으면 좋겠다는 말이지만."

　"둘이 간다면 내 다 내주지."

　"둘이?"

　"임이와 결혼해서 ——."

　여자 하나를 두 남자가 사랑하는 경우에는 꼭 싸움들을 하는 법인데 우리들은 안 싸웠다. 나는 결이 좀 났다는 것은 저는 벌써 임이와 육체까지 수수하고 나서 나더러 임이와 결혼하라니까 말이다.

　나는 연애보다 공부를 해야겠어서 그 친구더러 여비를 좀 꾸어달란 것인데 뜻밖에 회화가 이 모양이 되고 말았다.

　"그럼 다 그만두겠네."

　"여비두?"

　"결혼두."

"건 왜?"

"싫어!"

그리고 나서는 한참이나 잠자코들 있었다. 두 사람의 교양이 서로 뺨을 친다든지 하고 싶은 충동을 참느라고 그런 것이다.

"왜 내가 임이와 그런 일이 있었대서 그러나? 불쾌해서!"

"뭔지 모르겠네!"

"한 번 꼭 한 번밖에 없네. 독미란 말이 있지."

"순수허대서 자랑인가?"

"부러 그러나?"

"에피그램이지."

암만해도 회화로는 해결이 안 된다. 회화로 안 되면 행동인데 어떤 행동을 하나 물론 싸워서는 안 된다. 친구끼리는 정다워야 하니까. 그래서 우리는 우리 두 사람의 공동의 적을 하나 찾기로 한다. 친구가,

"이를 알지? 임이의 첫 남자!"

"자네는 무슨 목적으로 타협을 하려 드나."

"실연허기가 싫어서 그런다구나 그래 둘까."

"내 고집두 그 비슷한 이유지."

나는 당장? 허둥지둥한다. 내 인색한 논리는 눈살을 찌푸린다. 나는 꼼짝할 수가 없다. 이렇게까지 나는 인색하다.

친구는,

"끝끝내 이러긴가?"

"수세두 공세두 다 우리 집어치세."

"엔간히 겁을 집어먹은 모양일세그려!"

"누구든지 그야 타락하기는 싫으니까!"

요 이야기는 요만큼만 해 둔다. 임이의 남자가 셋이 되었다는 것을 누설한댔자 그것은 벌써 비밀도 아무것도 아니다.

부록

작가와 작품 스터디

● 이상 (1910~1937)

　　이상은 1910년 서울에서 태어났으며, 본명은 김해경이다. 1912년부터 백부의 집에 양자로 들어가서 20년 넘게 생활했다. 그는 경성 고등 공업 학교에서 건축 공학을 전공하여 그림에도 상당한 재능을 보였다. 조선 총독부 건축과 기관지인 〈조선과 건축〉에서 일했다.
1930년에 〈12월 12일〉을 〈조선〉에 발표하여 등단했다.

　　1932년 백부가 사망하자 다음해 금홍을 만나서 다방 '제비'를 열어 문인들과 많이 교류하였다. 하지만 경영 실패로 인해 빈곤과 병마에 시달렸다. 1934년 〈조선 중앙 일보〉에 〈오감도〉를 연재하였으나 독자들의 거센 항의 때문에 중단되고 말았다. 그의 난해성이 두드러지게 드러나는 〈오감도〉는 오늘날까지 다양한 분석과 갖가지 해설이 나오고 있다.

　　구인회 회원이었던 그는 동인지 〈시와 소설〉의 창간호 편집에 참여하는 등 활발한 활동을 펼쳤다. 소설 〈날개〉를 발표하면서 문단의 주목을 받기 시작했으며, 시, 소설, 수필 등 다양한 작품 활동을 하였다.

　　1936년 동경에 갔다가 다음해 일본 경찰에게 체포되어 구금되었으나 병보석으로 풀려났다. 한 달 뒤인 1937년 4월 17일에 동경 제대 부속 병원에서 폐결핵으로 사망했다. 같은 해 3월 말에 사망한 김유정과 함께 합동 추도식이 거행되었다.

　　그는 기존의 장르를 해체하는 기법을 구사하여 불안한 자의식을 드러낸 모더니즘 작가로 평가받고 있다.

　　대표작으로는 〈동해〉, 〈지주 회시〉, 〈날개〉, 〈실락원〉 등의 소설과 〈거울〉, 〈오감도〉 등의 시, 〈권태〉, 〈산촌 여정〉 등의 수필이 있다.

● **봉별기** 변변한 직업도 없이 결핵에 걸려 비참하게 살아가는 '나'를 먹여 살리는 것은 금홍이다. 금홍은 매음을 한다. '나'는 그런 금홍의 행동에 아무런 감정이 없다. 오히려 방을 비워 주면서 금홍의 일을 돕는다. 그러는 사이 두 사람은 몇 번씩 다투거나 금홍이 집을 나가기도 한다. 한때 서로 헤어질 작정으로 떨어져 지내기도 했다. 결국 '나'는 예전에 살던 집으로 돌아오고, 얼마 후 금홍이도 올라왔다는 소식을 듣는다. 두 사람은 다시 만나고, 예전처럼 티격태격하면서도 술잔을 마주 놓고 웃는다.

● **종생기** 작자가 죽기 한 달 전에 일본에서 쓴 작품이다. '나'는 하루를 평생으로 느낄 만큼 삶에 지친 상태로 날마다 종생한다. 그럴 듯하게 죽어야 한다고 매일 생각만 하며 지낸다. 어느 날, 정희에게서 다른 남자를 모두 정리하고 '나'만을 기다리고 있다는 엽서가 온다. '나'는 정희에게 가지만 다른 남자에게서 온 엽서를 발견하고 그 자리에서 쓰러져 버린다. 깨어난 후 '나'는 스스로 죽은 시체라고 생각한다. 잠재 의식이 여기저기서 불쑥불쑥 표출되고 있다.

● **19세기식** 정조, 비밀, 이유, 악덕에 관한 작자의 개인적인 판단을 말하고 있다. 용서한다는 것을 최대의 악덕으로 말하는가 하면, 마음으로 다른 생각을 품으면 이미 간음이라고 규정하며 정조는 금제가 아닌 양심이라고 말한다. 이상의 생각을 엿볼 수 있는 작품이다.

● **지도의 암실** 〈지도의 암실〉은 띄어쓰기를 거부한 채 하룻동안 일어나는 일을 기술했다. 아침 열 시에 일어나는 '그'는 산책하고 글을 쓰는 것으로 하루를 보낸다. 체육 선생 리상과 K를 통해 자신의 분신 같은 모습을 보여 준다. 대상에 대한 외관 묘사나 이야기의 흐름보다는 인물의 내적인 심리를 중심으로 소설을 풀어 나가고 있다.

논술 가이드

〈봉별기〉의 한 대목입니다. 제시문을 읽고 다음 문제에 답하시오.

[문항 1]

> 금홍이는 나를 나태한 생활에서 깨우치게 하기 위하여 우정 간음하였다고 나는 호의로 해석하고 싶다. 그러나 세상에 흔히 있는 아내다운 예의를 지키는 체해 본 것은 금홍이로서 말하자면 천려의 일실이 아닐 수 없다. 이런 실 없는 정조를 간판 삼자니까 자연 나는 외출이 잦았고 금홍이 사업에 편의를 돕기 위하여 내 방까지도 개방하여 주었다. 그러는 중에도 세월은 흐르는 법이다.

(1) 위의 글에서 '나'는 아내인 금홍이의 행실에 대해 오히려 긍정적인 생각을 하고 있습니다. '나'의 생각을 참고하면서 금홍의 행동에 대한 각자의 생각을 말해 봅시다.

----

(2) 여러분은 아내다운 예의가 어떤 것이라고 생각하나요? 위의 글을 참고하여 각자의 생각을 말해 봅시다.

〈종생기〉의 한 대목입니다. 제시문을 읽고 다음 문제에 답하시오.

[문항 2]

> 나는 부글부글 끓는다.
> 그러나 지금 나는 이 철천의 원한에서 슬그머니 좀 비켜서고 싶다. 내 마음의 따뜻한 평화 따위가 다 그리워졌다.
> 즉 나는 시체다. 시체는 생존하여 계신 만물의 영장을 향하여 질투할 자격도 능력도 없는 것이리라는 것을 나는 깨닫는다. 정희, 간혹 정희의 후틋한 호흡이 내 묘비에 와 슬쩍 부딪는 수가 있다. 그런 때 내 시체는 홍당무처럼 화끈 달으면서 구천을 꿰뚫어 슬피 호곡한다.
> (중략)
> 누누한 이내 혼수 덕으로 부디 이내 시체에서도 생전의 슬픈 기억이 창궁 높이 훨훨 날아가 버렸으면 —.
> 나는, 지금 이런 불쌍한 생각도 한다. 그럼 —.

(1) '나'는 정희의 외도를 보고 심한 질투를 느끼다가 불현듯 자신은 시체라고 생각합니다. 과연, 위와 같은 상황에서 어떻게 대처하는 것이 옳을까요? '나'의 선택과 비교하면서 자신의 의견을 말해 봅시다.

----

(2) 위의 글은 〈종생기〉의 마지막 부분입니다. 만약 여러분이 '나'의 입장이었다면 어떻게 행동했을지 말해 봅시다.

〈19세기식〉의 두 대목입니다. 제시문을 읽고 다음 문제에 답하시오.

[문항 3]

> 이런 경우— 즉 '남편만 없었던들', '남편이 용서만 한다면' 하면서 지켜진 아내의 정조란 이미 간음이다.
>
> 정조는 금제가 아니요 양심이다. 이 경우의 양심이란 도덕성에서 우러나오는 것을 가리키지 않고 '절대의 애정' 그것이다.

> 용서한다는 것은 최대의 악덕이다. 간음한 계집을 용서하여 보아라. 한 번 간음에 맛을 들인 계집은, 두 번째도 세 번째도 간음하리라.
>
> 왜?
>
> 불의라는 것은 재물보다도 매력적인 것이기 때문에—.

(1) 첫번째 글에서 비관적인 생각으로 지켜지는 정조는 이미 간음이라고 말하고 있습니다. 여러분이 생각하는 간음은 어떤 것인가요? 각자의 판단을 말해 봅시다.

----

(2) 두 번째 글에서 용서는 최대의 악덕이라고 말합니다. 한 번 행한 일은 또 다시 할 수 있다는 판단에서 내린 결론입니다. 용서에 대한 여러분의 생각은 무엇인가요? 잘못한 일을 한 친구를 생각하며 말해 봅시다.

〈지도의 암실〉의 두 대목입니다. 제시문을 읽고 다음 문제에 답하시오.

[문항 4]

> 원숭이자네는사람을흉내내이는버릇을타고난것을자꾸사람에게도그모양대로되라고하는가참지못하여그렇게하면자네는또하라고참지못해서그대로하면자네는또하라고그대로하면또하라고그대로하면또하라고그대로하여도그대로하여도하여도또하라고하라고그는원숭이가나에게무엇이고시키고흉내내이고간에이것이고만이다. 딱마음을굳게먹었다.

> 죽음이그에게왔다고그는놀라지않아본다. 죽음이묵직한것이라면나머지얼마안되는시간은죽음이하자는대로하게내버려두어일생에없던가장위생적인시간을향락하여보는편이그를위생적이게하여주겠다고그는생각하다가그러면그는죽음에견디는세음이냐못그러는세음인것을자세히알아내이기어려워괴로워한다. 죽음은평행사변형의법칙으로보일샤를의법칙으로그는앞으로앞으로걸어가는데도왔다떼밀어준다.

(1) 첫번째 글에서 원숭이가 사람을 흉내내는 버릇에 대해 비판적인 생각을 말하고 있습니다. 원숭이가 진화해서 사람이 되었다는 진화설도 존재하는데, 과연 사람을 흉내내는 원숭이에 대한 여러분의 생각은 어떠한가요?

- -

- -

(2) 두 번째 글에서 '그'는 죽음을 앞두고 침착하게 자신의 생각을 정리합니다. 죽음이 인간에게 주는 의미는 무엇일까요? 각자 죽음에 관한 자신의 생각을 말해 봅시다.

- -

- -

〈베스트 논술 한국대표문학〉(전60권) 목록

권별	작품	작가
1	무정 I	이광수
2	무정 II	이광수
3	무명 · 꿈 · 옥수수 · 할멈	이광수
4	감자 · 시골 황 서방 · 광화사 · 붉은 산 · 김연실전 외	김동인
5	발가락이 닮았다 · 왕부의 낙조 · 전제자 · 명문 외	김동인
6	배따라기 · 약한 자의 슬픔 · 광염 소나타 외	김동인
7	B사감과 러브레터 · 서투른 도적 · 술 권하는 사회 · 빈처 외	현진건
8	운수 좋은 날 · 까막잡기 · 연애의 청산 · 정조와 약가 외	현진건
9	벙어리 삼룡이 · 뽕 · 젊은이의 시절 · 행랑 자식 외	나도향
10	물레방아 · 꿈 · 계집 하인 · 별을 안거든 우지나 말 걸 외	나도향
11	상록수 I	심훈
12	상록수 II	심훈
13	탈춤 · 황공의 최후 / 적빈 · 꺼래이 · 혼명에서 외	심훈 / 백신애
14	태평 천하	채만식
15	레디메이드 인생 · 순공 있는 일요일 · 쑥국새 외	채만식
16	명일 · 미스터 방 · 민족의 죄인 · 병이 낫거든 외	채만식
17	동백꽃 · 산골 나그네 · 노다지 · 총각과 맹꽁이 외	김유정
18	금 따는 콩밭 · 봄봄 · 따라지 · 소낙비 · 만무방 외	김유정
19	백치 아다다 · 마부 · 병풍에 그린 닭이 · 신기루 외	계용묵
20	표본실의 청개구리 · 두 파산 · 이사 외 / 모범 경작생	염상섭 / 박영준
21	탈출기 · 홍염 · 고국 · 그믐밤 · 폭군 · 박돌의 죽음 외	최서해
22	메밀꽃 필 무렵 · 낙엽기 · 돈 · 석류 · 들 · 수탉 외	이효석
23	분녀 · 개살구 · 산 · 오리온과 능금 · 가을과 산양 외	이효석
24	무녀도 · 역마 · 까치 소리 · 화랑의 후예 · 등신불 외	김동리
25	하수도 공사 / 지맥 / 그 날의 햇빛은 · 갈가마귀 그 소리	박화성 / 최정희 / 손소희
26	지하촌 · 소금 · 원고료 이백 원 외 / 경희	강경애 / 나혜석
27	제3인간형 / 제일과 제일장 외 / 사랑 손님과 어머니 외	안수길 / 이무영 / 주요섭
28	날개 · 오감도 · 지주 회시 · 환시기 · 실화 · 권태 외	이상
29	봉별기 · 종생기 · 조춘점묘 · 지도의 암실 · 추등잡필	이상
30	화수분 외 / 김 강사와 T교수 · 창랑 정기 / 성황당	전영택 / 유진오 / 정비석

권별	작품	작가
31	민촌 / 해방 전후 · 달밤 외 / 과도기 · 강아지	이기영 / 이태준 / 한설야
32	소설가 구보씨의 일일 / 장삼이사 · 비오는 길 / 석공 조합 대표 / 낙동강 · 농촌 사람들 · 저기압	박태원 / 최명익 / 송영 / 조명희
33	모래톱 이야기 · 사하촌 외 / 갯마을 / 혈맥 / 전황당인보기	김정한 / 오영수 / 김영수 / 정한숙
34	바비도 외 / 요한 시집 / 젊은 느티나무 외 / 실비명 외	김성한 / 장용학 / 강신재 / 김이석
35	잉여 인간 / 불꽃 / 꺼삐딴 리 · 사수 / 연기된 재판	손창섭 / 선우휘 / 전광용 / 유주현
36	탈향 외 / 수난 이대 외 / 유예 / 오발탄 외 / 4월의 끝	이호철/ 하근찬/ 오상원/ 이범선/ 한수산
37	총독의 소리 / 유형의 땅 / 세례 요한의 돌	최인훈 / 조정래 / 정을병
38	어둠의 혼 / 개미귀신 / 무진 기행 · 서울 1964년 겨울 외	김원일 / 이외수 / 김승옥
39	뫼비우스의 띠 / 악령 / 식구 관촌 수필 / 기억 속의 들꽃 / 젊은 날의 초상	조세희 / 김주영 / 박범신 이문구 / 윤흥길 / 이문열
40	김소월 시집	김소월
41	윤동주 시집	윤동주
42	한용운 시집	한용운
43	한국 고전 시가와 수필	유리왕 외
44	한국 대표 수필선	김진섭 외
45	한국 대표 시조선	이규보 외
46	한국 대표 시선	최남선 외
47	혈의 누 · 모란봉	이인직
48	귀의 성	이인직
49	금수 회의록 · 공진회 / 추월색	안국선 / 최찬식
50	자유종 · 구마검 / 애국부인전 / 꿈하늘	이해조 / 장지연 / 신채호
51	삼국유사	일연
52	금오신화 / 홍길동전 / 임진록	김시습 / 허균 / 작자 미상
53	인현왕후전 / 계축일기	작자 미상
54	난중일기	이순신
55	흥부전 / 장화홍련전 / 토끼전 / 배비장전	작자 미상
56	춘향전 / 심청전 / 박씨전	작자 미상
57	구운몽 · 사씨 남정기	김만중
58	한중록	혜경궁 홍씨
59	열하일기	박지원
60	목민심서	정약용

〈베스트 논술 한국대표문학〉에 실린 소설과 교과서 대조표

* 〈베스트 논술 한국대표문학〉에 실린 소설과 현행 국어 · 문학 18종 교과서의 수록 내용을 비교 · 분석하였다.

● 초등 학교 교과서(국어)

금오신화, 구운몽, 심청전,
흥부전, 토끼전, 박씨전,
장화홍련전, 홍길동전

● 국정 교과서

작품	작가	교과목
고향	현진건	고등 학교 문법
동백꽃	김유정	중학교 국어 2-1, 중학교 국어 3-1
벙어리 삼룡이	나도향	중학교 국어 1-1
봄봄	김유정	고등 학교 국어(상)
사랑 손님과 어머니	주요섭	중학교 국어 2-1
오발탄	이범선	중학교 국어 3-1
운수 좋은 날	현진건	중학교 국어 3-1

● 고등 학교 문학 교과서

작품	작품	출판사
감자	김동인	교학, 지학, 디딤돌, 상문
갯마을	오영수	문원, 형설
고향	현진건	두산, 지학, 청문, 중앙, 교학, 문원, 민중, 블랙, 디딤돌
관촌 수필	이문구	지학, 문원, 블랙
광염 소나타	김동인	천재, 태성

금 따는 콩밭	김유정	중앙
금수회의록	안국선	지학, 문원, 블랙, 교학, 대한, 태성, 청문, 디딤돌
김 강사와 T교수	유진오	중앙
까마귀	이태준	민중
꺼삐딴 리	전광용	지학, 중앙, 두산, 블랙, 디딤돌, 천재, 케이스
날개	이상	문원, 교학, 중앙, 민중, 천재, 형설, 청문, 태성, 케이스
논 이야기	채만식	두산, 상문, 중앙, 교학
닳아지는 살들	이호철	천재, 청문
동백꽃	김유정	금성, 두산, 블랙, 교학, 상문, 중앙, 지학, 태성, 형설, 디딤돌, 케이스
두 파산	염상섭	문원, 상문, 천재, 교학
등신불	김동리	중앙, 두산
만무방	김유정	민중, 천재, 두산
메밀꽃 필 무렵	이효석	금성, 상문, 중앙, 교학, 문원, 민중, 블랙, 디딤돌, 지학, 청문, 천재, 케이스
모래톱 이야기	김정한	디딤돌, 교학, 문원
모범경작생	박영준	중앙
뫼비우스의 띠	조세희	두산, 블랙
무녀도	김동리	천재, 지학, 청문, 금성, 문원, 민중, 케이스

작품	작가	출판사
무정	이광수	디딤돌, 금성, 두산, 교학, 한교
무진기행	김승옥	두산, 천재, 태성, 교학, 문원, 민중, 케이스
바비도	김성한	민중, 상문
배따라기	김동인	상문, 형설, 중앙
벙어리 삼룡이	나도향	민중
복덕방	이태준	블랙, 교학
봄봄	김유정	디딤돌, 문원
붉은 산	김동인	중앙
B사감과 러브레터	현진건	교학
사랑 손님과 어머니	주요섭	중앙, 디딤돌, 민중, 상문
사수	전광용	두산
사하촌	김정한	중앙, 문원, 민중
산	이효석	문원, 형설
서울, 1964년 겨울	김승옥	문원, 블랙, 천재, 교학, 지학, 중앙
성황당	정비석	형설
소설가 구보씨의 일일	박태원	중앙, 천재, 교학, 대한, 형설, 문원, 민중
수난 이대	하근찬	교학, 지학, 중앙, 문원, 민중, 디딤돌, 케이스
애국부인전	장지연	지학, 한교
어둠의 혼	김원일	천재
역마	김동리	교학, 두산, 천재, 태성, 형설, 상문, 디딤돌

역사	김승옥	중앙
오발탄	이범선	교학, 중앙, 금성, 두산
요한 시집	장용학	교학
운수 좋은 날	현진건	금성, 문원, 천재, 지학, 민중, 두산, 디딤돌, 케이스
유예	오상원	블랙, 천재, 중앙, 교학, 디딤돌, 민중
자유종	이해조	지학, 한교
장삼이사	최명익	천재
전황당인보기	정한숙	중앙
젊은 날의 초상	이문열	지학
젊은 느티나무	강신재	블랙, 중앙, 문원, 상문
제일과 제일장	이무영	중앙
치숙	채만식	문원, 청문, 중앙, 민중, 상문, 케이스
탈출기	최서해	형설, 두산, 민중
탈향	이호철	케이스
태평 천하	채만식	지학, 금성, 블랙, 교학, 형설, 태성, 디딤돌
표본실의 청개구리	염상섭	금성
학마을 사람들	이범선	민중
할머니의 죽음	현진건	중앙
해방 전후	이태준	천재
혈의 누	이인직	천재, 금성, 민중, 교학, 태성, 청문
홍염	최서해	상문, 지학, 금성, 두산, 케이스
화수분	전영택	태성, 중앙, 디딤돌, 블랙

〈베스트 논술 한국대표문학〉에 실린 시와 교과서 대조표

* 〈베스트 논술 한국대표문학〉에 실린 시와 현행 국어 · 문학 18종 교과서의 수록 내용을 비교 · 분석하였다.

작품	작가	출판사
가는 길	김소월	지학, 블랙, 민중
가을의 기도	김현승	블랙
겨울 바다	김남조	지학
고향	백석	형설
국경의 밤	김동환	지학, 천재, 금성, 블랙, 태성
국화 옆에서	서정주	민중
귀천	천상병	지학, 디딤돌
귀촉도	서정주	지학
그 날이 오면	심훈	지학, 블랙, 교학, 중앙
그대들 돌아오시니	정지용	두산
그 먼 나라를 알으십니까	신석정	교학, 대한
껍데기는 가라	신동엽	지학, 천재, 금성, 블랙, 교학, 한교, 상문, 형설, 청문
꽃	김춘수	금성, 문원, 교학, 중앙, 형설
끝없는 강물이 흐르네	김영랑	디딤, 교학
나그네	박목월	천재, 블랙, 중앙, 한교
나룻배와 행인	한용운	문원, 블랙, 대한, 형설
남신의주 유동 박시봉방	백석	지학, 두산, 상문

작품	작가	출판사
남으로 창을 내겠소	김상용	지학, 한교, 상문
내 마음은	김동명	중앙, 상문
내 마음을 아실 이	김영랑	한교
농무	신경림	지학, 디딤, 금성, 블랙, 교학, 형설, 청문
누가 하늘을 보았다 하는가	신동엽	두산
눈길	고은	문원
님의 침묵	한용운	지학, 천재, 두산, 교학, 민중, 한교, 태성, 디딤돌
떠나가는 배	박용철	지학, 한교
머슴 대길이	고은	디딤돌, 천재
먼 후일	김소월	청문
모란이 피기까지는	김영랑	지학, 천재, 금성, 형설
목계 장터	신경림	문원, 한교, 청문
목마와 숙녀	박인환	민중
바다와 나비	김기림	금성, 블랙, 한교, 대한, 형설
바위	유치환	금성, 문원, 중앙, 한교
별 헤는 밤	윤동주	문원, 민중
봄은 간다	김억	한교, 교학
봄은 고양이로다	이장희	블랙

작품	작가	출판사
불놀이	주요한	금성, 형설
빼앗긴 들에도 봄은 오는가	이상화	지학, 천재, 문원, 블랙, 디딤돌, 중앙
산 너머 남촌에는	김동환	천재, 블랙, 민중
산유화	김소월	두산, 민중
살아 있는 것이 있다면	박인환	대한, 교학
살아 있는 날은	이해인	교학
생명의 서	유치환	한교, 대한
샤갈의 마을에 내리는 눈	김춘수	지학, 블랙, 태성
서시	윤동주	디딤돌, 민중
설일	김남조	교학
성묘	고은	교학
성북동 비둘기	김광섭	지학
쉽게 씌어진 시	윤동주	지학, 디딤돌, 중앙
승무	조지훈	지학, 디딤돌, 금성
알 수 없어요	한용운	중앙, 대한
어서 너는 오너라	박두진	디딤돌, 금성, 한교, 교학
오감도	이상	디딤돌, 대한
와사등	김광균	민중
우리가 물이 되어	강은교	지학, 문원, 교학, 형설, 청문, 디딤돌
우리 오빠의 화로	임화	디딤돌, 대한
울음이 타는 가을 강	박재삼	지학, 교학
자수	허영자	교학

작품	작가	출판사
자화상	노천명	민중
절정	이육사	지학, 천재, 금성, 두산, 문원, 블랙, 교학, 태성, 청문, 디딤돌
접동새	김소월	교학, 한교
조그만 사랑 노래	황동규	문원, 중앙
즐거운 편지	황동규	지학, 형설, 청문
진달래꽃	김소월	천재, 태성
청노루	박목월	지학, 문원, 상문
초토의 시 8	구상	지학, 천재, 두산, 상문, 태성
초혼	김소월	디딤돌, 금성, 문원
타는 목마름으로	김지하	디딤돌, 금성, 문원, 민중
풀	김수영	지학, 금성, 민중, 한교, 태성
프란츠 카프카	오규원	천재, 태성
피아노	전봉건	태성
해	박두진	두산, 블랙, 민중, 형설
해에게서 소년에게	최남선	지학, 천재, 금성, 두산, 문원, 민중, 한교, 대한, 형설, 태성, 청문, 디딤돌
향수	정지용	지학, 문원, 블랙, 교학, 한교, 상문, 청문, 디딤돌

〈베스트 논술 한국대표문학〉에 실린 시조와 교과서 대조표

* 〈베스트 논술 한국대표문학〉에 실린 시조와 현행 국어 · 문학 18종 교과서의 수록 내용을 비교 · 분석하였다.

작품	작가	출판사
가노라 삼각산아	김상헌	교학, 형설
가마귀 눈비 맞아	백팽년	교학
가마귀 싸우는 골에	정몽주 어머니	교학
강호 사시가	맹사성	디딤돌, 두산, 교학
고산구곡	이이	한교
공명을 즐겨 마라	김삼현	지학
구름이 무심탄 말이	이존오	천재
국화야 너난 어이	이정보	블랙
녹초 청강상에	서익	지학
농암가	이현보	민중
뉘라서 가마귀를	박효관	교학
님 그린 상사몽이	박효관	천재
대추볼 붉은 골에	황희	중앙
도산 십이곡	이황	디딤돌, 블랙, 민중, 형설, 태성
동짓달 기나긴 밤을	황진이	지학, 천재, 금성, 두산, 문원, 교학, 상문, 대한
마음이 어린후니	서경덕	지학, 금성, 블랙, 한교
말없는 청산이요	성혼	지학, 천재
방안에 혔는 촉불	이개	천재, 금성, 교학
백구야 말 물어보자	김천택	지학
백설이 자자진 골에	이색	지학
삭풍은 나무끝에	김종서	중앙, 형설
산촌에 눈이 오니	신흠	지학

작품	작가	출판사
삼동에 베옷 닙고	조식	지학, 형설
산인교 나린 물이	정도전	천재
수양산 바라보며	성삼문	천재, 교학
십년을 경영하여	송순	지학, 금성, 블랙, 중앙, 한교, 상문, 대한, 형설
어리고 성긴 매화	안민영	형설
어부사시사	윤선도	금성, 문원, 민중, 상문, 대한, 형설, 청문
오리의 짧은 다리	김구	청문
오백년 도읍지를	길재	블랙, 청문
오우가	윤선도	형설
이몸이 죽어가서	성삼문	지학, 두산, 민중, 대한, 형설
이시렴 부디 갈다	성종	지학
이화에 월백하고	이조년	디딤돌, 천재, 두산
이화우 흣뿌릴 제	계랑	한교
재너머 성권농 집에	정철	천재, 형설
천만리 머나먼 길에	왕방연	문원, 블랙
청산리 벽계수야	황진이	지학
추강에 밤이 드니	월산대군	천재, 금성, 민중
춘산에 눈녹인 바람	우탁	디딤돌
풍상이 섞어 친 날에	송순	지학, 청문
한손에 막대 잡고	우탁	금성
훈민가	정철	지학, 금성
흥망이 유수하니	원천석	천재, 중앙, 한교, 디딤돌, 대한

〈베스트 논술 한국대표문학〉에 실린 수필과 교과서 대조표

* 〈베스트 논술 한국대표문학〉에 실린 수필과 현행 국어 · 문학 18종 교과서의 수록 내용을 비교 · 분석하였다.

작품	작가	출판사
가난한 날의 행복	김소운	천재
가람 일기	이병기	지학
구두	계용묵	디딤돌, 문원, 상문, 대한
그믐달	나도향	블랙, 태성
꼴찌에게 보내는 갈채	박완서	태성
나무	이양하	상문
나무의 위의	이양하	문원, 태성
낭객의 신년 만필	신채호	두산, 블랙, 한교
딸깍발이	이희승	지학, 디딤돌, 청문
멋없는 세상 멋있는 사람	김태길	중앙
무궁화	이양하	디딤돌
백설부	김진섭	지학, 천재, 형설, 태성, 청문
생활인의 철학	김진섭	지학, 태성
수필	피천득	지학, 천재, 한교, 태성, 청문
수학이 모르는 지혜	김형석	청문
슬픔에 관하여	유달영	문원, 중앙
웃음설	양주동	교학, 태성
은전 한 닢	피천득	금성, 대한
이야기	피천득	지학, 청문
인생의 묘미	김소운	지학
지조론	조지훈	블랙, 한교
청춘 예찬	민태원	금성, 블랙
특급품	김소운	교학
폭포와 분수	이어령	지학, 블랙
피딴 문답	김소운	디딤돌, 금성, 한교
행복의 메타포	안병욱	교학
헐려 짓는 광화문	설의식	두산

베스트 논술 한국 대표문학 ㉙

봉별기 외

지은이 이상
펴낸이 류성관
펴낸곳 SR&B(새로본닷컴)
주 소 서울특별시 마포구 망원동 463-2번지
전 화 02)333-5413
팩 스 02)333-5418
등 록 제10-2307호
인 쇄 만리 인쇄사

＊잘못 만들어진 책은 바꾸어 드립니다.